新 思 想 学 理 化 研 究

社会主要矛盾
转化新论

方松华　吴晓江　马丽雅◎著

上海人民出版社

编委会

出版说明

　　一个民族要走在时代前列，就一刻不能没有理论思维，一刻不能没有正确思想指引。党的十八大以来，以习近平同志为主要代表的中国共产党人，坚持把马克思主义基本原理同中国具体实际相结合、同中华优秀传统文化相结合，深刻总结并充分运用党成立以来的历史经验，从新的实际出发，创立了习近平新时代中国特色社会主义思想。党的十九届六中全会决议指出，习近平新时代中国特色社会主义思想，是对马克思列宁主义、毛泽东思想、邓小平理论、"三个代表"重要思想、科学发展观的继承和发展，是马克思主义中国化最新成果，是党和人民实践经验和集体智慧的结晶，是中国特色社会主义理论体系的重要组成部分，是全党全国人民为实现中华民族伟大复兴而奋斗的行动指南。

　　新思想引领新时代，新使命开启新征程。《国家"十四五"时期哲学社会科学发展规划》明确要求，深化拓展习近平新时代中国特色社会主义思想研究阐释，从理论主题、体系框架、逻辑结构、概念范畴等方面作出有深度的学理阐发，更好引领相关学科的学术研究、知识建构、教材编写；深刻把握习近平新时代中国特色社会主义思想的政治意义、历史意义、理论意义、实践意义，不断深化习近平新时代中国特色社会主义思想学理化阐释、学术化表达、系统化构建，推出具有理论重量、思想分量、话语质量的理论成果。

　　为深入贯彻落实中央和中共上海市委关于学习宣传、研究阐释习近平新时代中国特色社会主义思想的要求和部署，在中共上海市委宣传部指导下，2020年6月，上海市社会科学界联合会组织实施"习近平新时代中国特色社会主义思想系统化学理化"系列研究项目，时任上海市社联党组书记、专职副主席权衡研究员提出 12 个课题研究方向：新思想与 21 世纪中国马克思主义最新成果；新思想的马克思主义方法论体系；新思想与中国全面建设社会主义现代化伟大事业；新时代中国特色社会主义的历史方位；中国特色社会主义本质特征与中国共产党的领导；中国特色社会主义基本内涵与"四个自信"新思想；中国特色社会主义价值目标与人民性的根本立场；中国特色社会主义发展新阶段与社会主要矛盾转化新论断；中国特色社会主义发展理念与高质量发展；中国特色社会主义伟大实践与"五位一体"总体建设和"四个全面"战略布局；中国特色社会主义发展保障理念与战略；中国特色社会主义发展的全球观与人类命运共同体思想，启动并组织开展课题研究。

结合本系列研究目标定位和主旨要求，上海市社联组织专家研讨，深入听取意见，仔细酝酿斟酌，广泛沟通联络，遴选合适人选。来自本市主要高校、党校、科研单位相关学科领域 12 位资深专家和学界新锐最终应邀担任子课题责任专家。

中共上海市委宣传部领导高度重视此项工作，亲自推动本系列专项研究深化细化，多次提出一系列明确的指导意见；2020 年 8 月，本系列研究被列为上海市哲学社会科学规划研究项目。

在课题论证和研究展开阶段，根据上海市社联党组要求，上海市社联科研组织处充分发挥协调推进作用，先后举行 5 场专题研讨会，就系列课题的整体框架设计、学科分析方法、学术理论构建、理论原创性和实践指导价值等进行研讨。上海社科界相关学科领域专家学者以及课题责任专家与会进行深入探讨交流。

在此过程中，上海市社联所属《学术月刊》开设专栏，刊发课题专家研究阐释新思想的系列文章：《习近平新时代中国特色社会主义思想学理化论纲》《系统观念是新时代基础性的思想和工作方法》。子课题责任专家也撰写系列学术研究和理论宣传文章，在学术刊物和理论媒体发表后都引起学术界的关注与反响。

2021 年 8 月，上海市社科规划办、上海市社联启动系列研究课题结项工作。上海市社联邀请上海社科界相关学科领域专家学者，分别以答辩会和通讯评审形式，对 12 个课题结项成果开展评审。上海人民出版社提前介入，参与课题评审和出版准备工作。上海市社联及时汇总并向课题组反馈评审意见，推动书稿修改完善工作。2022 年 1 月，本系列研究 12 个课题全部通过评审，顺利结项。

围绕课题研究成果出版，上海市社联召开 3 次专题会议，协商推进新思想学理化研究系列丛书出版，商定系列丛书出版的目标指向、基本要求、主要安排，为研究成果公开出版提供明确指导、有力牵引和坚实支撑。

在该系列丛书组织编写出版过程中，上海市社联积极发挥引领主导、统筹协调、服务保障作用，力求使本课题研究成果体现以下特色：

一是强化思想引领。坚持学习和研究相结合、促工作和带队伍相结合，课题专家在构建逻辑自洽的理论体系研究实践中，深入学习领会习近平新时代中国特色社会主义思想的学理性，结合党史学习教育，推动专题学习研讨和学术交流活动不断走深、走实。

二是把握重要环节。引领课题专家深入理解本系列研究的内涵要求和功能定位，围绕准确把握各课题研究的重点、难点和突出问题，提供有思想性、创新性、操作性的咨询服务和指导意见。

三是树立精品意识。妥善处理学术与政治的关系、理论与实践的关系、已有成果和学术创新的关系，课题专家能够以锻造学术精品为指向，深入思考、反复打磨、系统论证、完善提纲，为深化研究和形成书稿打牢基础。

四是注重成果导向。始终聚焦党的理论创新工作需要关注的重大问题，着眼于有效开展党的创新理论的研究阐释和宣传推广，深化理论研究，推动成果传播，促进学术交流。

在当前深入学习贯彻习近平总书记系列重要讲话精神和上海市第十二次党代会精神的热潮中，新思想学理化研究系列丛书即将正式出版。本系列丛书努力传承、发扬上海学界求真、务实、创新、理性的科研作风和优良学风，坚持学习研究和阐释传播相结合、学理阐发和体系构建相结合、学术创新和服务实践相结合，努力打造能够体现上海学界水准的精品之作。

习近平总书记指出，马克思主义中国化取得了重大成果，但还远未结束。我国哲学社会科学的一项重要任务就是继续推进马克思主义中国化、时代化、大众化。新思想学理化研究系列丛书是上海理论社科界忠实履行党的创新理论学理化学术化这一时代之责所进行的初步探索、取得的最新成果。我们期望这套丛书能够对当代中国马克思主义、21世纪马克思主义的进一步丰富和发展，贡献上海学界的积极力量，以实际行动迎接党的二十大胜利召开。

权　衡　王为松

2022 年 8 月

目录 CONTENTS

导　论

习近平新时代中国特色社会主义思想关于社会主要矛盾转化论断的原创

当代中国，正确判断和表述我国发展新阶段的特征和社会主要矛盾的新变化，是正确判断世情、国情，正确选择中国今后的发展目标道路和制定重大国策的基本出发点。

中国共产党第十九届中央委员会第六次全体会议通过的《中共中央关于党的百年奋斗重大成就和历史经验的决议》，明确提出了中国共产党正是在她的百年历史进程中，深刻了解、分析、把握了近现代中国社会各个发展阶段的社会主要矛盾及其转化：1921 年 7 月中共一大开幕，中国共产党应运而生。中国产生了共产党，这是开天辟地的大事变，中国革命的面貌从此焕然一新。党深刻认识到，近代中国社会主要矛盾是帝国主义和中华民族的矛盾、封建主义和人民大众的矛盾。实现中华民族伟大复兴，必须进行反帝反封建斗争。新中国成立以后，党的八大根据我国社会主义改造基本完成后的形势，提出国内主要矛盾已经不再是工人阶级和资产阶级的矛盾，而是人民对于经济文化迅速发展的需要同当前经济文化不能满足人民需要的状况之间的矛盾，全国人民的主要任务是集中力量发展社会生产力，实现国家工业化，逐步满足人民日益增长的物质和文化需要。党提出努力把我国逐步建设成为一个具有现代农业、现代工业、现代国防和现代科学技术的社会主义强国，领导人民开展全面的大规模的社会主义建设。遗憾的是，党的八大形成的正确路线未能完全坚持下去，先后出现"大跃进"运动、人民公社化运动等，反右派斗争也被严重扩大化。面对当时严峻复杂的外部环境，党极为关注社会主义政权巩固，为此进行了多方面努力。然而，毛泽东在关于社会主义社会阶级斗争的理论和实践上的错误发展得越来越严重，党中央未能及时纠正这些错误。毛泽东对当时我国阶级形势以及党和国家政治状况作出完全错误的估计，发动和领导了"文化大革命"，林彪、江青两个反革命集团利用毛泽东的错误，进行了大量祸国殃民的罪恶活动，使党、国家、人民遭到新中国成立以来最严重的挫折和损失，教训极其惨痛。1976 年10 月，中央政治局执行党和人民的意志，毅然粉碎了"四人帮"，结束了"文化大革命"这场灾难。为了推进改革开放，党重新确立马克思主义的思想路线、政治路线、组织路线，彻底否定"两个凡是"的错误方针，正确评价毛泽东同志的历史地位和毛泽东思想的科学体系。党明确我国社会的主要矛盾是人民日益增长的物质文化需要同落后的社会生产之间的矛盾，解决这个主要矛盾就是我们的中心任务，提出小康社会目标。

党的十九大报告创造性地提出关于我国社会主义发展新阶段与社会主要矛盾转化的新论断，是新时代中国特色社会主义思想核心内容之一，也是引领我们全面建成小康社会到 2035 年基本实现现代化，再到 21 世纪中叶全面建成社会主义现代化强国的基本理论指南之一。

党的十九届六中全会决议进一步指出：明确新时代我国社会主要矛盾是人民日益增长的美好生活需要和不平衡不充分的发展之间的矛盾，必须坚持以人民为中心的发展思想，发展全过程人民民主，推动人的全面发展、全体人民共同富裕取得更为明显的实质性进展。

当代中国，正在发生着人类历史上从未有过的伟大变革，我们见证了中国用一个世代完成西方三四百年发展进程的大时代，中国的发展奇迹举世瞩目。但是，毋庸讳言，40多年来中国在经济超高速发展的同时也积聚了各种风险和矛盾，特别是引发了诸多发展的不充分不平衡：既有经济结构本身的失衡，也有经济与政治、文化、社会、生态建设等诸多方面关系所需要的再平衡，在矛盾与困难丛生、机遇与挑战共存的新时代，提出并破解中国当下面临的从"失衡"走向"再平衡"所面临的重点和难点问题，是我们从理论和实践两个方面研究中国特色社会主义发展新阶段和社会主要矛盾转化新论断的要义和价值所在。

正如习近平总书记在庆祝中国共产党成立100周年大会上的讲话中所说：以史为鉴、开创未来，必须坚持和发展中国特色社会主义。走自己的路，是党的全部理论和实践立足点，更是党百年奋斗得出的历史结论。中国特色社会主义是党和人民历经千辛万苦、付出巨大代价取得的根本成就，是实现中华民族伟大复兴的正确道路。我们坚持和发展中国特色社会主义，推动物质文明、政治文明、精神文明、社会文明、生态文明协调发展，创造了中国式现代化新道路，创造了人类文明新形态。新的征程上，我们必须坚持党的基本理论、基本路线、基本方略，统筹推进"五位一体"总体布局、协调推进"四个全面"战略布局，全面深化改革开放，立足新发展阶段，完整、准确、全面贯彻新发展理念，构建新发展格局，推动高质量发展，推进科技自立自强，保证人民当家作主，坚持依法治国，坚持社会主义核心价值体系，坚持在发展中保障和改善民生，坚持人与自然和谐共生，协同推进人民富裕、国家强盛、中国美丽。

第一章

关于社会矛盾理论的认识与发展

无论是中国的"社会矛盾"还是西方的"social conflict"，社会矛盾及其相关问题，是古今中外诸多学者、思想家关注的主要问题。以社会矛盾为研究对象的理论，在中国，古代有儒家、墨家、道家、法家等各家学说，近现代有毛泽东等人的社会矛盾学说；在西方，除了马克思主义经典作家的社会矛盾理论，还有流派纷呈的社会矛盾冲突理论。这些关于社会矛盾冲突的理论都以促进社会有序发展为主要目的，为不同时期、不同地域的社会矛盾冲突的成因提供理论解释，并探讨了社会矛盾冲突的解决办法。

一、矛盾学说与社会基本矛盾、社会主要矛盾理论

矛盾存在于万事万物中。人类社会就是在不断发生矛盾、不断解决矛盾的过程中向前发展的。正确认识和善于把握社会主要矛盾，对于无产阶级政党正确判断形势和确立工作重心具有重要意义。

（一）哲人心目中的矛盾概念

矛盾是反映事物内部和事物之间对立统一关系的哲学范畴，对立和统一分别体现了矛盾的两种基本属性，矛盾的对立属性又称斗争性，矛盾的统一属性又称同一性。两者相互联结、相辅相成。矛盾的同一性和斗争性相结合，构成

了事物的矛盾运动，推动着事物的变化发展。

最早提出矛盾理论的古希腊思想家赫拉克利特，强调相反者相成，"相反的东西结合在一起，不同的音调造成最美的和谐，一切都是通过斗争而产生的"。[1] 凡事都有两面，"海水最干净，又最脏；鱼能喝，有营养；人不能喝，有毒"。[2] 矛盾双方、矛盾内部之间是相互对立、相互依存、相互转化的。

在德国哲学家黑格尔看来，一切事物本身都是矛盾的，矛盾是事物发展的动力。在他看来，"矛盾不单纯被认为仅仅是在这里、那里出现的不正常现象，而且是在其本质规定中的否定物，是一切自身运动的根本，而自身运动不过就是矛盾的表现"。[3] 矛盾是事物运动发展的源泉。

马克思、恩格斯在黑格尔等人的基础上，提出了辩证唯物论的矛盾动力观，即矛盾双方相互转化的观点。在《哲学的贫困》中，马克思指出："两个相互矛盾方面的共存、斗争以及融合成一个新范畴，就是辩证运动。"[4] 1856年，马克思在《人民报》创刊纪念会上的演说中指出："在我们这个时代，每一种事物好像都包含有自己的反面。我们看到，机器具有减少人类劳动和使劳动更有成效的神奇力量，然而却引起了饥饿和过度的疲劳。财富的新源泉，由于某种奇怪的、不可思议的魔力而变成贫困的源泉。技术的胜利，似乎是以道德的败坏为代价换来的。随着人类愈益控制自然，个人却似乎愈益成为别人的奴隶或自身的卑劣行为的奴隶。甚至科学的纯洁光辉仿佛也只能在愚昧无知的黑暗背景上闪耀。我们的一切发明和进步，似乎结果是使物质力量成为有智慧的生命，而

---

[1]《西方哲学原著选读》上卷，北京大学哲学系外国哲学史教研室编译，商务印书馆1981年版，第23页。

[2]同上书，第24页。

[3]《西方哲学原著选读》下卷，北京大学哲学系外国哲学史教研室编译，商务印书馆1982年版，第413页。

[4]《马克思恩格斯文集》第1卷，人民出版社2009年版，第605页。

人的生命则化为愚钝的物质力量。"[1] 在《反杜林论》中，恩格斯指出："在进行精准的考察时，我们也发现，某种对立的两级，例如正和负，既是彼此对立的，又是彼此不可分离的，而且不管它们如何对立，它们总是互相渗透的……"[2]"既然简单的机械的位移本身已经包含着矛盾，那么物质的更高级的运动形式，特别是有机生命及其发展，就更加包含着矛盾。我们在上面已经看到，生命首先正是在于：生物在每一瞬间是它自身，同时又是别的东西。所以，生命也是存在于物体和过程本身中的不断地自行产生并自行解决的矛盾；矛盾一停止，生命也就停止，死亡就到来。同样，我们已经看到，在思维的领域中我们也不能避免矛盾……"[3] 这一论断，简明扼要、强而有力地论述了辩证唯物主义的矛盾的客观性和普遍性原理。矛盾存在于一切事物发展过程的始终，旧的矛盾解决了，新的矛盾又产生，事物始终在矛盾中运动。

列宁指出，"事物（现象等等）是对立面的总和与统一，这些对立面、矛盾的趋向等等的斗争或展开，不仅是对立面的统一，而且是每个规定、质、特征、方面、特性向自己的对立面的过渡"。[4] 他认为，事物之间不仅是对立的，也是统一的。"对立的统一（一致、同一、均势）是有条件的、暂时的、易逝的、相对的。相互排斥的对立面之间的斗争则是绝对的，正如发展、运动是绝对的一样……统一物之分为两个部分以及对它的矛盾着的部分的认识，是辩证法的实质"。[5]

（二）马克思主义经典作家关于社会基本矛盾理论的认识

生产力与生产关系、经济基础与上层建筑之间的矛盾，是人类社会基本矛

---

［1］《马克思恩格斯选集》第1卷，人民出版社2012年版，第776页。
［2］《马克思恩格斯文集》第9卷，人民出版社2009年版，第25页。
［3］同上书，第127页。
［4］《论辩证唯物主义和历史唯物主义——列宁专题文集》，人民出版社2009年版，第140页。
［5］同上书，第148页。

盾。生产力与生产关系矛盾运动的规律、经济基础与上层建筑矛盾运动的规律，是人类社会发展的基本规律。生产力决定生产关系，经济基础决定上层建筑。马克思、恩格斯深入研究和剖析了不同社会形态下的社会基本矛盾，指出生产力和生产关系、经济基础和上层建筑的矛盾及相互作用是社会的基本矛盾，存在于一切社会形态和社会制度之中，是社会发展的动力。

在社会基本矛盾的探讨中，他们对资本主义的基本矛盾、资本主义生产方式进行了较为系统的阐述。在《资本论》中，马克思运用了大量矛盾和结构分析的方法，揭示资本主义社会条件下的主要矛盾、存在问题等。马克思指出："为了进行生产，人们相互之间便发生一定的联系和关系；只有在这些社会联系和社会关系的范围内，才会有他们对自然界的影响，才会有生产。"[1]"现代工业和科学为一方与现代贫困和衰颓为另一方的这种对抗，我们时代的生产力与社会关系之间的这种对抗，是显而易见的、不可避免的和毋庸争辩的事实。"[2] 在《政治经济学批判（1857—1858 年手稿）》中，马克思进一步分析了资本的内在矛盾问题，他指出："资本本身是处于过程的矛盾，因为它竭力把劳动时间缩减到最低限度，另一方面又使劳动时间成为财富的唯一尺度和源泉。"[3] 就资本的基本矛盾，他概括道："这里只要指出资本包含着一种特殊的对生产的限制——这种限制同资本要超越生产的任何界限的一般趋势相矛盾——就足以揭示出生产过剩的基础，揭示出发达的资本的基本矛盾。"[4]

生产力和生产关系的相互作用是一个过程，表现为两者的矛盾运动，这种矛盾运动之中本质的、必然的联系，就是生产关系一定要适合生产力状况的规律。这种矛盾运动循环往复，不断推动社会生产发展，进而推动社会逐步走向

---

[1]《马克思恩格斯选集》第 1 卷，人民出版社 2012 年版，第 340 页。
[2] 同上书，第 776 页。
[3]《马克思恩格斯文集》第 8 卷，人民出版社 2009 年版，第 197 页。
[4] 同上书，第 96 页。

高级阶段。在《哲学的贫困》中，马克思指出，"社会关系和生产力密切相联。随着新生产力的获得，人们改变自己的生产方式，随着生产方式即谋生的方式的改变，人们也就会改变自己的一切社会关系。手推磨产生的是封建主的社会，蒸汽磨产生的是工业资本家的社会"。[1] 生产力和生产关系的矛盾运动是社会变革的根本动力。生产力发展到一定阶段，生产关系迟早要发生变革。对生产力与生产关系矛盾运动规律的认识，科学地确立了生产力发展是"社会进步的最高标准"，[2] 并把生产力和生产关系矛盾运动的规律作为判断时代变革的客观依据。通过《德意志意识形态》和《政治经济学批判〈序言〉》等著作，我们看到马克思、恩格斯对社会基本矛盾的经典论述，即"无论哪一个社会形态，在它所容纳的生产力全部发挥出来以前，是决不会灭亡的；而新的更高的生产关系，在它的物质存在条件在旧社会的胎胞里成熟以前，是决不会出现的"。[3]

经济基础和上层建筑是辩证统一的，经济基础决定上层建筑，上层建筑反作用于经济基础，二者相互影响、相互作用。恩格斯指出，"以往的全部历史，除原始状态外，都是阶级斗争的历史；这些互相斗争的社会阶级在任何时候都是生产关系和交换关系的产物，一句话，都是自己时代的经济关系的产物；因而每一时代的社会经济结构形成现实基础，每一个历史时期的由法的设施和政治设施以及宗教的、哲学的和其他的观念形式所构成的全部上层建筑，归根到底都应由这个基础来说明"。[4] 在《共产党宣言》1883年德文版序言中，恩格斯强调，"每一历史时代的经济生产以及必然由此产生的社会结构，是该时代政治的和精神的历史的基础"。[5]

[1]《马克思恩格斯文集》第1卷，人民出版社2009年版，第602页。
[2]《马克思恩格斯选集》第2卷，人民出版社2012年版，第3页。
[3]《马克思恩格斯文集》第2卷，人民出版社2009年版，第592页。
[4]《马克思恩格斯文集》第3卷，人民出版社2009年版，第544页。
[5]《马克思恩格斯文集》第2卷，人民出版社2009年版，第9页。

在《社会主义从空想到科学的发展》中，恩格斯系统阐述了资本主义社会基本矛盾理论，即生产的社会化与生产资料的私人占有。恩格斯认为，这一基本矛盾会带来四个具体表现：第一，无产阶级与资产阶级的对立；第二，个别企业的有组织性与整个社会生产无政府状态之间的矛盾；第三，生产方式与交换方式的对抗；第四，资本主义国家的社会性与其阶级性之间的对抗。矛盾解决的途径只有一个：无产阶级革命。"无产阶级将取得公共权力，并且利用这个权力把脱离资产阶级掌握的社会化生产资料变为公共财产。"[1] 社会主义代替资本主义是资本主义社会基本矛盾发展的必然结局，是历史发展规律的内在要求。

在马克思、恩格斯相关研究的基础上，列宁继承和发展了马克思主义社会基本矛盾理论，对社会主义社会的主要矛盾问题进行了探讨。在《什么是人民之友以及他们如何攻击社会民主主义者？》《哲学笔记》《帝国主义是资本主义最高阶段》等论述中，列宁认为，社会主义社会依然存在矛盾，矛盾运动是推动社会发展的基本动力。他指出，"对抗和矛盾完全不是一回事。在社会主义下，对抗将会消失，矛盾仍将存在"。[2] 在同资本主义国家的对比中，列宁提出了先进的社会主义制度与落后的经济文化之间的矛盾，"俄国无产阶级在政治制度方面，在工人政权的力量方面，比不管什么英国或德国都要先进，但在组织像样的国家资本主义方面，在文明程度方面，在物质和生产上'实施'社会主义的准备程度方面，却比西欧最落后的国家还要落后"。[3] 此外，他还对资本主义垄断阶段的主要矛盾进行了深入研究和判断。

（三）毛泽东关于社会主要矛盾的理论贡献

1937 年 8 月，在中国革命进入全民族抗日战争的新阶段的历史转折点，毛

---

[1]《马克思恩格斯文集》第 3 卷，人民出版社 2009 年版，第 566 页。
[2]《列宁全集》第 60 卷，人民出版社 1990 年版，第 281—282 页。
[3]《列宁选集》第 3 卷，人民出版社 1995 年版，第 531 页。

泽东发表了《矛盾论》，总结中国革命的新鲜实践经验，丰富和发展了马克思主义哲学，尤其在社会发展阶段与社会主要矛盾的问题上，贡献了宝贵的理论财富，主要有以下三方面。

其一，社会发展长过程中出现的阶段性变化，是由社会大小矛盾、主次矛盾转化所致。

毛泽东指出："事物发展过程的根本矛盾及为此根本矛盾所规定过程的本质，非到过程完结之日，是不会消灭的；但是事物发展的长过程中的各个发展的阶段，情形又往往互相区别。这是因为事物发展过程的根本矛盾的性质和过程的本质虽然没有变化，但是根本矛盾在长过程中的各个发展阶段上采取了逐渐激化的形式。并且，被根本矛盾所规定或影响的许多大小矛盾中，有些是激化了，有些是暂时地或局部地解决了，或者缓和了，又有些是发生了，因此，过程就显出阶段性来。如果人们不去注意事物发展过程中的阶段性，人们就不能适当地处理事物的矛盾。"[1] 毛泽东举例说，资本主义长历史过程中从自由竞争阶段发展到帝国主义阶段，虽然社会的根本矛盾即无产阶级和资产阶级之间的矛盾和社会的资本主义本质并没有变化，但是，两阶级的矛盾激化了，独占资本和自由资本之间的矛盾发生了，宗主国和殖民地的矛盾激化了，各资本主义国家间的矛盾即由各国发展不平衡的状态而引起的矛盾特别尖锐地表现出来了，因此形成了资本主义的特殊阶段，形成了帝国主义阶段。他还分析了从辛亥革命开始的中国资产阶级民主革命长过程中出现的若干特殊阶段。中国民主革命在资产阶级领导时期和无产阶级领导时期，区别为两个很大不同的历史阶段。虽然整个过程中的根本矛盾的性质、反帝反封建的民主革命的性质并没有变化，但是，在这长历史阶段中，社会矛盾、阶级矛盾发生了特殊变化，呈现出几个发展阶段：辛亥革命失败和北洋军阀统治，第一次民族统一战线的建立

---

[1]《毛泽东选集》第 1 卷，人民出版社 1966 年版，第 289 页。

和大革命运动，统一战线破裂和资产阶级右翼转入反革命，新的军阀战争，土地革命战争，第二次民族统一战线建立和抗日战争。

由此，毛泽东断言，我们不但要注意事物发展的全过程中矛盾运动的特点，而且必须注意全过程中各个发展阶段矛盾运动的特点。[1]

毛泽东在发表《矛盾论》之前的三个月，在延安召开的中国共产党全国代表会议上作《中国共产党在抗日时期的任务》的报告。报告第一部分题为"民族矛盾和国内矛盾的目前发展阶段"，开宗明义地指出："由于中日矛盾成为主要的矛盾、国内矛盾降到次要和服从的地位而产生的国际关系和国内阶级关系的变化，形成了目前形势的新的发展阶段。"[2] 这表明，在民主革命长的历史过程中，帝国主义与中华民族之间的矛盾是中国社会主要矛盾的基本国情没有变，但在一定时期某个帝国主义国家与中华民族的矛盾特别激化，成为主要矛盾，由此形成了新的发展阶段。《矛盾论》讲由长过程根本矛盾所规定或影响的许多大小矛盾，在各个发展阶段或激化，或缓和，或解决，或发生，实质上就是主要矛盾和次要矛盾在各个发展阶段发生了转化。换言之，发展新阶段是由社会主要矛盾新变化所致。

其二，善于抓住主要的社会矛盾，才能科学地确定中心任务，制定正确的战略策略。

毛泽东指山："在复杂的事物的发展过程中，有许多的矛盾存在，其中必有一种是主要的矛盾，由于它的存在和发展，规定或影响着其他矛盾的存在和发展。"[3] 毛泽东分析了半殖民地半封建国家的社会主要矛盾和非主要矛盾关系所呈现的复杂情况。当帝国主义向这种国家发动侵略战争时，该国内部各阶级，

---

[1]《毛泽东选集》第 1 卷，人民出版社 1966 年版，第 289 页。
[2] 同上书，第 232 页。
[3] 同上书，第 295 页。

除了一些叛国分子以外，暂时地团结起来举行民族战争去反对帝国主义。这时，帝国主义和这种国家之间的矛盾成为主要矛盾，而这种国家内部各阶级的一切矛盾（包括封建制度和人民大众之间的这个主要矛盾在内），都暂时降到次要和服从的地位。比如，中国鸦片战争、中日甲午战争、义和团战争和七七事变后中日战争，都有这种情形。当帝国主义不是用战争压迫而是用政治、经济、文化等比较温和的形式进行压迫的时候，这种国家的统治阶级就会向帝国主义投降，二者结成同盟，共同压迫人民大众。这种时候，人民大众往往采取国内战争形式，去反对帝国主义和封建阶级的同盟。中国辛亥革命战争、北伐革命战争、土地革命战争，都有这种情形。

这都表明，一个国家在长的历史阶段（如中国半殖民地半封建时期）中各个小的发展阶段的社会主要矛盾和非主要矛盾会发生转化。革命政党能够及时觉察这种转化，审时度势，把握阶段性的主要矛盾，是科学地确定阶段性中心任务、制定正确的革命战略和策略的基本依据。

毛泽东指出："不管怎样，过程发展的各个阶段中，只有一种主要的矛盾起着领导的作用，是完全没有疑义的。""由此可知，任何过程如果有多数矛盾存在的话，其中必定有一种是主要的，起着领导的、决定的作用，其他则处于次要和服从的地位。因此，研究任何过程，如果是存在着两个以上矛盾的复杂过程的话，就要用全力找出它的主要矛盾。捉住了这个主要矛盾，一切问题就迎刃而解了。""万千的学问家和实行家，不懂得这种方法，结果如堕烟海，找不到中心，也就找不到解决矛盾的方法。"[1]

其三，对于社会发展过程中包含的许多矛盾，必须要注意其各自具有的特殊性，不能一律看待，由此才能区别主要矛盾和非主要矛盾。

[1]《毛泽东选集》第1卷，人民出版社1966年版，第296—297页。

毛泽东提出："不但要研究每一个大系统的物质运动形式的特殊的矛盾性及其规定的本质，而且要研究每一个物质运动形式在其发展长途中的每一个过程的特殊的矛盾及其本质。"[1] 一个大的事物，在其发展过程中，包含着许多矛盾。例如，在中国资产阶级民主革命过程中，有中国社会各被压迫阶级和帝国主义的矛盾，有人民大众和封建制度的矛盾，有无产阶级和资产阶级的矛盾，有农民及城市小资产阶级和资产阶级的矛盾，有各个反动的统治集团之间的矛盾，等等，情形是非常复杂的。这些矛盾，各有其特殊性，不能一律看待。他强调，特殊性的矛盾构成一事物区别于他事物的特殊本质。不同质的矛盾，只有用不同质的方法才能解决。[2] 事实上，"左"右倾路线错误的思想根源，就是忽略各种矛盾性质的特殊性，混淆不同性质的矛盾，从而把所有的矛盾平均看待，没有区分主要矛盾和次要矛盾，模糊了一定阶段革命的主要对象与团结对象、联合对象的界限，转移了一定阶段革命的主要目标和工作重心。因此，毛泽东指出："对于矛盾的各种不平衡情况的研究，对于主要的矛盾和非主要的矛盾、主要的矛盾方面和非主要的矛盾方面的研究，成为革命政党正确地决定其政治上和军事上的战略战术方针的重要方法之一，是一切共产党人都应当注意的。"[3]

（四）当代西方关于社会矛盾与冲突的认识

资本主义社会基本矛盾注定了西方国家会由于其内在的不可克服的这一矛盾逐步走向衰落。2008 年经济危机席卷全球，西方学者从不同视角出发，分析西方社会矛盾重重的原因。英国左翼学者 I. 梅扎罗斯（I. Meszaros）指出，当前资本主义社会矛盾冲突的根源在于资本主义体系的危机，这种结构性危机并

---

[1]《毛泽东选集》第 1 卷，人民出版社 1966 年版，第 285 页。
[2] 同上书，第 283、284、286 页。
[3] 同上书，第 301 页。

不局限于社会、经济领域，而是一场包括政治危机在内的制度性危机。[1] 埃及马克思主义学者萨米尔·阿明（Samir Amin）分析道，2008 年经济危机爆发表明，全球化垄断资本主义发生了内爆，使全球化垄断资本主义产生新的内部核心矛盾，而现有结构下的政治和经济体制都失去了掌控与协调这种核心矛盾的能力。[2] 德国社会学家、政治学家、法兰克福学派第三代代表人物克劳斯·奥菲（Claus Offe）认为，国家作为维护社会制度和资本主义社会中所有成员利益的工具，是资本主义的商品交换关系得以实现的必要条件，但它无法与资本主义体系共存，因为福利国家政策与商品原则是矛盾的，它会破坏商品交换关系的存在，进而对资本主义体系造成破坏性的影响。这样先前的经济危机就转化为政治危机，进而演变为国家的危机，产生了福利国家的危机管理的危机。这是国家自身的危机，也可以说是福利国家自身的过程性危机。[3]

在西方，为缓解社会矛盾，美国社会学家刘易斯·科塞（Lewis Coser）提出"社会安全阀"理论，即在不毁坏结构的前提下使敌对的情绪得以释放出来以维护社会整合的制度。[4] 在梅扎罗斯看来，资本并不能通过扩大"财富的生产"来解决资本主义制度的深刻危机，唯一的出路就是走社会主义道路，建立起一种新的、能够经受考验的社会主义有机体系。[5] 美国学者查尔斯·默雷（Charles Murray）反对自由派学者提出的通过增加福利支出以及对富人增税等来解决不平等的方案，主张摒弃"新政"和"伟大社会"，代之以一个能

［1］［英］I. 梅扎罗斯：《超越资本——关于一种过渡理论》，郑一明等译，中国人民大学出版社 2003 年版，第 656 页。

［2］《资本主义世界体系的内爆——萨米尔·阿明谈当代全球化垄断资本主义的不可持续性》，魏南枝编译，《红旗文稿》2013 年第 11 期。

［3］［德］克劳斯·奥菲：《福利国家的矛盾》，郭忠华等译，吉林人民出版社 2011 年版，第 148 页。

［4］参见［美］L. 科塞：《社会冲突的功能》，孙立平等译，华夏出版社 1989 年版。

［5］［英］I. 梅扎罗斯：《超越资本——关于一种过渡理论》，郑一明等译，中国人民大学出版社 2003 年版，第 656 页。

够保证基本收入的体制；同时，尤其要坚守美国生活方式的四个传统支柱——家庭、使命、社区和忠诚。[1] 2012 年，《新共和》杂志高级编辑蒂莫西·诺亚（Timothy Noah）在《大分裂：美国日益增长的不平等危机及其应对》一书中，总结了应对不平等的八项政策方案，包括向富人征收重税、削减政府开支、引入更多的技术工人、普及学前教育、对大学收费进行控制、重新监管华尔街、选举民主党总统以及复兴劳工权利等。[2] 这些对社会不平等和矛盾冲突的分析和缓解方案，尽管具有一定进步意义，但多"头痛医头、脚痛医脚"，难以产生实质性效果，继而大大减低了社会矛盾理论的批判力度和改造社会现实的力度。

二、新时代社会主要矛盾转化的科学论断的内涵和原创

（一）新论断的基本内涵

2017 年，党的十九大召开，标志着我国发展进入新的历史方位，中国特色社会主义进入了新时代。这个新时代也就是整个社会主义初级阶段的一个新的发展阶段。这个新发展阶段的主要特征是，即将全面建成小康社会进而全面建设社会主义现代化强国，实现全体人民共同富裕，实现中华民族伟大复兴的目标。在这个新发展阶段，我国社会主要矛盾已经转化为人民日益增长的美好生活需要和不平衡不充分的发展之间的矛盾。人民日益增长的美好生活需要，不仅对物质文化生活提出了更高要求，而且在民主、法治、公平、正义、安全、环境等方面的要求日益增长。由于我国社会生产力水平总体上显著提高，社会生产能力在很多方面进入世界前列，更加突出的问题是发展不平衡不充分。发

[1]　Kurti P., "Coming apart: The state of White America, 1960—2010", *Policy A Journal of Public Policy & Ideas*, 2012, 28(2).

[2]　George and Irvin, "Timothy Noah (2012), The great divergence: America's growing inequality crisis and what we can do about it", *Journal of Social Policy*, Volume 42, Issue 2, April 2013.

展不平衡不充分已经成为满足人民日益增长的美好生活需要的主要制约因素。新发展阶段我国社会主要矛盾的变化是关系全局的历史性变化，对党和国家工作提出了新要求、新方向，就是要着力解决好发展不平衡不充分问题，大力提升发展质量和效益，更好满足人民在经济、政治、文化、社会、生态等方面日益增长的需要，更好推动人的全面发展、社会全面进步。

（二）新论断的理论原创新意

党的八大报告对我国社会主义初建阶段社会主要矛盾的论断，作了两个层面的表述：第一层面是"人民对于建立先进的工业国的要求同落后的农业国的现实之间的矛盾"，"人民对于经济文化迅速发展的需要同当前经济文化不能满足人民需要的状况之间的矛盾"；第二层面是"这一矛盾的实质，在我国社会主义制度已经建立的情况下，也就是先进的社会主义制度同落后的社会生产力之间的矛盾"。这表明，表层矛盾是国家产业结构落后、经济文化落后与改变这种落后状况要求的矛盾，深层矛盾是社会制度与生产力之间的矛盾，解决主要矛盾归根结底首先要改变落后生产力。着眼于发展先进生产力以推动经济文化迅速发展，符合马克思主义的历史唯物主义原理，符合中国现实国情。

党的十三大到十八大都延续了八大关于主要矛盾论断的基本精神，将现阶段我国社会的主要矛盾凝练地表述为"人民日益增长的物质文化需要同落后的社会生产之间的矛盾"。应看到十三大到十八大的表述所提的"社会生产"概念，与"社会生产力"概念是有区别的。"社会生产"概念包含生产力和生产关系两个方面。提"社会生产"概念，意味着满足人民对物质和文化增长的需要，不局限于改变落后生产力，还要改进落后生产关系，这反映了十一届三中全会以来为解放和发展生产力而在生产关系领域进行一系列重大改革的必要性。

无疑，生产力发展对于社会物质财富和文化财富的增长起着直接的作用。包括教育、文艺、新闻出版、广播影视、文博旅游在内的广义文化事业发展，都依赖于生产力发展所提供的物质基础。从这个意义上说，"人民日益增长的物质文化需要同落后的社会生产之间的矛盾"的表述是正确的。但是，应看到问题的另一面是，改变落后生产状态的前提是包括科学在内的先进文化事业的发展。人类社会进入工业化时代，特别是进入信息化时代以来，自然科学和技术科学知识全面渗入生产力构成的三大要素——劳动者、以生产工具为主干的劳动资料、劳动对象，在先进的生产力中科学的含量和力量越来越大，以致科学技术成为第一生产力。通常所说广义的文化知识包含科学知识，广义的文化教育包含科学教育。在现代社会，劳动者科学素养高低成为衡量其文化素养高低的重要标尺。

新中国成立初期和社会主义建设初期，"具有高度现代文化程度""具有现代科学文化"成为建成伟大国家的重要标志。1954 年召开的第一届全国人大一次会议上，毛泽东在开幕词中提出"将我国这样一个经济上文化上落后的国家，建设成为一个工业化的具有高度现代文化程度的伟大的国家"的目标和任务。[1] 1957 年，毛泽东在《关于正确处理人民内部矛盾的问题》中提出："将我国建设成为一个具有现代工业、现代农业和现代科学文化的社会主义国家。"[2]《在中国共产党全国宣传工作会议上的讲话》中他接着提出："要把我们这个经济落后、文化落后的国家，建设成为富裕的、强盛的、具有高度现代文化的国家。"[3] 毛泽东的号召意味着"具有现代科学文化""具有高度文化"是改变经济落后状态的必要条件，是兴国强国的基本前提。我国改革开放以来，"教育立国""科教兴国"成为国家发展战略，主要包括现代科学技术知识体系在内的先进文化教育的普及，先进的科学技术知识转化为现实生产力，极大地改变了我国生产力落后的状况。

---

［1］《毛泽东文集》第 6 卷，人民出版社 1999 年版，第 350 页。
［2］《毛泽东文集》第 7 卷，人民出版社 1999 年版，第 207 页。
［3］ 同上书，第 275 页。

党的十九大对于社会主要矛盾表述的深层含义，是指向经济建设、文化建设等五大领域的平衡发展、协同发展，避免了以前主要矛盾的表述把满足人民文化增长需要单向度地依赖于物质生产的发展的局限性、片面性，意味着生产发展与文化发展之间有着互为前提、互为因果的辩证关系。十九大以来，我国文化教育事业取得了新的发展。2017 年至 2020 年，我国九年义务教育巩固率从 93.8% 逐年增长到 95.2%，高中阶段毛入学率从 88.3% 逐年增长到 91.2%。高等教育发展尤为迅速，呈现高等教育普及化新态势。根据国家统计局发布的《2017 年国民经济和社会发展统计公报》与《2020 年国民经济和社会发展统计公报》，2017 年至 2020 年，年度研究生教育招生从 80.5 万人逐年增长到 110.7 万人，共计 368.7 万人，在学研究生从 263.9 万人逐年增长到 314 万人，共计 1137.4 万人；毕业研究生从 57.8 万人逐年增长到 72.9 万人，共计 255.1 万人。2017 年至 2020 年，年度普通本专科招生从 761.5 万人逐年增长到 967.5 万人，共计 3434.9 万人；在校生从 2753.6 万人逐年增长到 3285.3 万人，共计 11901.4 万人；毕业生从 735.8 万人逐年增长到 797.2 万人，共计 3044.8 万人。文化教育事业的发展为经济发展提供了智力支撑和科技赋能。2017 年至 2020 年，国内生产总值从 82.7 万亿元增长到 101.6 万亿元，全国居民人均可支配收入年均增长 7.8%，增速超过同期国内生产总值年均增长率 5.47%。进入新发展阶段，面临的智能化时代新挑战越来越多，智力在生产力中的含量和力量越来越大，而智力的培育和滋养的根基在于文化教育的沃土。新发展阶段社会主要矛盾的科学论断，引导我们把生产与文化、经济与文化视为双向作用、协同互动的有机系统，在不断解决不平衡的矛盾中求得经济与文化协调发展。

（三）新论断的理论原创亮点

党的十九大关于新发展阶段我国社会主要矛盾转化的科学论断和习近平总书记有关这个问题的论述，以及解决这个主要矛盾的治国理政方略，具有丰富的科学内涵和思想理论的原创性。

这种原创性突出地体现在从我国现阶段经济发展面临资源约束趋紧、环境污染严重、生态系统退化的严峻形势，重新审视以前我国社会主要矛盾表述单向度提人民物质需要"日益增长"的不现实、不科学的问题。其一，我国人均基本自然资源的短缺性以及地球不可再生的自然资源有限性，决定了人民物质需要的"日益增长"是不可能的。其二，自然界对人类生产活动排放的污染物、废弃物的承载容量和自净能力是有限的。我国生产和经济发展过程中产生的污染已经达到甚至超过了环境极限。而治理环境的生态修复周期需要几年甚至更长时间，不可能满足人民"日益增长"的物质需要。其三，我国土地、森林、草原、湿地、河湖、物种多样性等生态系统退化严重，生态环境总体脆弱，生态安全形势十分严峻，亟须控制开发强度，让过度开发的生产活动从自然环境中退出，恢复和保留自然生态系统休养生息、自修复、自调节、自净化的空间，划定生态功能重要区域和生态环境敏感脆弱区域的生态保护红线以禁止其开发，这就严格限制了人们无节制地开发和索取自然，以满足物质需求"日益增长"的可能性。其四，自然界多数可再生资源的再生周期都需月度、年度的时间，都不能满足人民需要"日益"增长的节奏和欲望。因而，"增长"是有条件的、周期性的、非线性，而不是无条件的、直线性"日益"增长。只有"适度增长"才是现实的、科学的。与过去物质文化资源"短缺"状况相比，现在人民"需要"的增长，不只是数量的增长，更"需要"生活质量的增长，尤其需要空气、水质、土壤、植被等生态环境质量的增长，需要绿色环保商品的增长，需要安全食品质量的增长。新论断表达人民日益增长的美好生活需要，包含着保护自然资源和生态环境日益增长的需要，就意味着遏制物质消费不当需求的日益增长。

事实上，党的十八大以来，以习近平同志为核心的党中央高度重视经济发展与生态环境保护之间不平衡的尖锐矛盾，高度重视生态文明建设发展不充分的问题。党的十九大召开后不久，习近平总书记在全国生态环境保护大会上的讲话中特别指出："随着我国社会主要矛盾转化为人民日益增长的美好生活需要和不平衡不充分的发展之间的矛盾，人民群众对优美生态环境需要已经成为这一矛盾的重要方面。"[1] 党的十九大报告和习近平总书记关于生态文明建设的一系列重要论述构成了社会主要矛盾新论断的重要内涵。从学理层面看，其原创性在于：

从生态价值赋予社会生产力概念新内涵，提出"保护生态环境就是保护生产力，改善生态环境就是发展生产力"的新创见。

关于生产力的概念，早期哲学、政治经济学将其定义为"人类征服和改造自然的客观物质力量"。20 世纪 90 年代，生产力被定义为"是人控制和改造自然的物质的和精神的各种能力的总和"。学术界一般认为，生产力由劳动者、以生产工具为主的劳动资料、劳动对象三大要素构成；在生产力三大构成要素中，生产工具的变革是衡量一定的社会形态中人类控制和改造自然能力的重要尺度，历史上每一种社会形态之所以比先前的社会形态达到更高的生产力发展水平，归根到底是因为在生产中应用了更进步的生产工具。因此，也有一种观点认为，生产力的要素构成只包括劳动者和劳动工具两项。这种观点把作为劳动对象的自然界、自然资源排除在生产力构成之外，把自然界、自然资源视为被动的、惰性的、无生产能力的物质世界，认为自然界、自然资源唯有通过人类运用生产工具加以改造，才能变成人类的财富，进而推出的结论是"劳动是一切财富的源泉"，自然界被排除在财富的源泉之外。

其实，马克思早在 1875 年对即将在哥达召开的德国工人党代表大会上要表决的纲领草案提出的几点意见即《哥达纲领批判》中，首先指出了纲领草案中"劳动是一切财富和一切文化的源泉"的观点是片面的、错误的。马克思认为：劳动不是一切财富的源泉，自然界和劳动一样也是使用价值的源泉，自然界是

---

[1]《习近平谈治国理政》第 3 卷，外文出版社 2020 年版，第 359 页。

一切劳动资料和劳动对象的第一源泉。[1] 生产是人与自然之间的物质变换过程。离开了自然界这个"第一源泉"，人类就无从进行生产财富的活动，无从谈生产力。人类掠夺性采矿、毁灭性砍伐、超载性放牧、竭泽性捕捞、过度性围垦等耗竭自然界的生产方式，造成矿藏枯竭、水土流失、土壤沙化、鱼类灭绝、湿地减缩，毁灭了人类生产力赖以持续发展的根本基础，断绝了人类劳动创造财富的第一源泉。

那么，当过度索取自然的生产活动退出，修复生态环境，如退田还湖、退耕还林、退牧还草，是否会必定抑制生产力发展呢？否。解决这个矛盾，正如习近平总书记所指出的："关键是要树立正确的发展思路，因地制宜选择好发展产业。"[2] 各地修复生态、发展经济的实践经验证明，顺应自然、因地制宜调整生产结构，是能够获得经济增长的。如，饱受洪灾之苦的洞庭湖一些乡村，退田还湖，农民迁出泄洪区，发展水产养殖业，经济收入比种粮为主的时期有所提高。黑龙江退耕还林的地区，虽然耕地少了，但退的主要是不宜耕种的低产田，还林后有利于控制水土流失，改善农村小气候，使保留下来的优质农田精耕细作获高产。河南省有个县改变山地种粮，植树造林，种植百余种经济树种，面积达 15 万亩，发展林果业和生态旅游业，9 万余农民由此脱贫。"绿水青山就是金山银山"，实质上是"保护生态环境就是保护生产力，改善生态环境就是发展生产力"哲理形象化的诗意表达。

此外，"要提供更多优质生态产品以满足人民日益增长的优美生态环境需要"的科学表述，避免了以前关于主要矛盾的论断单方面引导满足人民物质生活产品和文化产品日益增长需要的片面性，强化了"扩大生态产品供给"在新发展阶段人们美好生活需要增长中的重要价值。

---

[1]《马克思恩格斯选集》第 3 卷，人民出版社 1972 年版，第 5 页。
[2]《习近平关于社会主义生态文明建设论述摘编》，中央文献出版社 2017 年版，第 23 页。

第二章

我国社会主要矛盾判断的历史演变

能否准确认识和把握社会主要矛盾、确定中心任务，是关系到党和人民能否沿着正确方向的关键问题。什么时候社会主要矛盾和中心任务判断准确，党和人民事业就顺利发展，否则党和人民事业就会遭受挫折。这是从中国共产党百年奋斗历程中总结出来的极为重要的历史经验。系统回顾和总结党从新民主主义革命时期到社会主义革命和建设时期及改革开放以来对中国社会主要矛盾判断演变的历史及其经验，有益于我们深度理解新时代社会主要矛盾转化新论断的历史脉络、理论创新和现实指导意义，有益于我们面对复杂形势、复杂矛盾、繁重任务，既对各种矛盾做到了然于胸，同时又紧紧围绕主要矛盾和中心任务，优先解决主要矛盾和矛盾的主要方面，以此带动其他矛盾的解决，在整体推进中实现重点突破，以重点突破带动经济、政治、文化、社会、生态各方面发展水平整体跃升，朝着全面建成社会主义现代化强国的奋斗目标胜利前进。

一、党在新民主主义革命时期关于社会主要矛盾的探索

1921 年中国共产党的诞生，是近代中国半殖民地半封建的社会主要矛盾发展和激化的必然产物，是人民大众需要代表自己根本利益的先进政党在解决与帝国主义和封建势力的主要矛盾中实现国家独立、人民解放的必然结果。

中国共产党从最初只有 50 多名党员的政党，由小变大、由弱变强，发展到新中国成立前夕拥有 448 万余名党员的大党，带领中国人民经历艰难曲折取得了新民主主义革命的伟大胜利，建立独立、自由、民主、统一和富强的新中国。其成功的重要的原因在于，将马克思列宁主义的普遍真理与中国革命的具体实践相结合。而这种结合的着眼点，正是在于科学把握中国特殊国情，尤其是准确判断中国社会所处的特定历史阶段及其社会主要矛盾，准确判断民主革命发展阶段中出现的各个不同发展时期社会主要矛盾发生的特殊变化。由此，明确了各个发展阶段的革命性质、革命对象、革命动力、革命任务和革命前途，制定了革命的总路线和总方针。并且依据发展阶段中各个不同时期社会主要矛盾发生的特殊变化，制定特殊的革命策略和具体政策。

以毛泽东同志为代表的中国共产党领导者，高度重视对于"社会发展阶段"和"社会主要矛盾"问题的研究，因为这是关系到党制定路线方针政策正确与否、关系到革命成败的关键问题。在民主革命时期，党内多次出现"左"倾和右倾路线，对革命事业造成了很大的破坏和损失，其主要思想根源在于不能正确判断中国社会所处的历史发展阶段，分不清不同发展阶段的社会主要矛盾。毛泽东在新民主主义革命时期形成的一系列有关"社会发展阶段"和"社会主要矛盾"的论说，是我们党宝贵的理论财富，其哲理层面的思想精华，对于今天我们科学判断和正确解决新发展阶段社会主要矛盾，依然有着重要意义。

（一）党的初创期的特定国情与社会主要矛盾

中国共产党初创期，早期共产主义者接受马克思列宁主义，从一开始就把实现社会主义和共产主义理想作为奋斗目标。党的一大召开前夕，以马克思恩格斯的《共产党宣言》为指导，上海共产党早期组织起草的《中国共产党宣言》表明："按照共产主义理想，创造一个新的社会"；"第一步，铲除现在的资本制度，用强力打倒资本家的国家"，"从资本家的手里获得政权"，"建立无产阶级专政"。依照《共产党宣言》提出的共产党人的最近目的是"推翻资产阶级统治，由无产阶级夺取政权"，党的一大通过的"中国共产党第一个纲领"，提出革命军队必须与无产阶级一起推翻资本家阶级的政权，承认无产阶级专政，消灭资本家私有制，没收资本家的生产资料归社会公有。

中国共产党刚诞生时，虽然明确了无产阶级政党的性质和建立无产阶级专政的目标，但还没有深刻认识当时中国国情，没有充分认识当时中国社会所处的历史阶段和社会主要矛盾，不同于马克思主义诞生地的西欧发达资本主义国家的历史发展阶段和社会主要矛盾。

马克思主义是近代西欧主要资本主义国家所固有的生产力与生产关系之间的基本矛盾——社会化生产和资本主义占有制的方式尖锐矛盾的产物，是由此引起的社会主要矛盾——无产阶级和资产阶级矛盾日益激化的产物。正如《共产党宣言》所指出的，资产阶级用资本主义生产关系破坏、代替了封建生产关系，社会由梯级形的众多等级，日益分裂为两大敌对的阵营，即分裂为直接对立的两大阶级：资产阶级和无产阶级，从而使资产阶级时代的社会主要矛盾明朗化了。

当时中国的基本国情是处于不同于西欧资本主义的半殖民地半封建社会。帝国主义列强已经瓜分全中国，划定了它们各自的势力范围，控制了中国一切重要的通商口岸、对外贸易和交通命脉；控制了中国大部分工矿业，掠夺原料和利用廉价劳动力，并以此对中国的民族工业进行直接的经济压迫，阻碍中国生产力的发展；在中国开设银行，垄断了中国的金融和财政。辛亥革命虽然推翻了皇帝和贵族的专制政权，但代之而起的依附帝国主义列强的地主阶级军阀官僚的封建割据和连年混战，给中国人民带来了深重的灾难。

在这个半封建的农业国，仅占乡村人口比例8%左右的地主富农却占全部土地的70%至80%。大量农民在地租、高利贷、捐税和各种剥削掠夺之下，被迫破产流亡。落后的、分散的、同古代没有多大区别的农业经济和手工业经济约占国民经济的 90% 以上，近代工业占国民经济的比例不足 10%。民族资本主义经济很微弱，而民族资本是有利于推动中国社会生产力发展的进步的经济成分。

当时从表面现象看，中国社会交织着错综复杂的矛盾。有各个帝国主义国家之间在华争夺殖民地和势力范围的矛盾，有各派军阀之间争夺统治权力的矛盾，有工人阶级与帝国主义、军阀官僚和大买办资产阶级的矛盾，有农民与封建地主阶级、军阀官僚的矛盾，有民族资产阶级与帝国主义、军阀官僚的矛盾，也有工人阶级和民族资产阶级的矛盾。但是，从半殖民地半封建中国社会的经济政治基本状况看，由封建官僚阶级演变而来的军阀官僚，本质上是封建地主阶级利益的代表，也是帝国主义在中国的代理人，各派军阀之间的矛盾，本质上是各个帝国主义国家划分势力范围的分裂政策和剥削政策的产物；占中国人口绝大多数的农民阶级受帝国主义和封建主义势力双重压迫；民族资产阶级受到帝国主义和大官僚买办资本势力的压迫。正如 1939 年毛泽东在《中国革命和中国共产党》中指出的："帝国主义和中华民族的矛盾，封建主义和人民大众的矛盾，这些就是近代中国社会的主要矛盾。""而帝国主义和中华民族的矛盾，乃是各种矛盾中最主要的矛盾。这些矛盾的斗争及其尖锐化，就不能不造成日益发展的革命运动。伟大的近代和现代的中国革命，是在这些基本矛盾的基础上发生和发展起来的。"[1]

党在初建时期，尚未深刻了解中国特殊的国情，尚未准确把握中国所处的特定的历史发展阶段以及该阶段社会主要矛盾，只是从马克思主义关于无产阶级革命的原理和俄国十月革命经验出发，没有把反帝反封建的民族民主革命作为现阶段的主要任务，以为在半殖民地半封建的中国，可以直接进行消灭一切剥削、消灭私有制的社会主义革命，建立无产阶级专政。严格地说，党正确地认识中国现实国情、革命的发展阶段和社会主要矛盾，从而制定符合中国国情的革命纲领，是从党的二大开始的。

---

[1]《毛泽东选集》第 2 卷，人民出版社 1966 年版，第 594 页。

（二）党的二大到六大的特定国情与社会主要矛盾

党的二大着眼于中国社会政治经济的现状和社会主要矛盾，认为加给中国人民（包括工人、农人、小资产阶级和民族资产阶级）最大痛苦的是资本帝国主义和军阀官僚的封建势力。中国共产党为工农目前利益考虑，提出在现阶段的奋斗目标是：工人、贫农和小资产阶级建立民主主义革命的联合战线，推翻国际帝国主义压迫以达到中华民族完全独立，打倒军阀以消除内乱、建设国内和平，统一中国为真正民主共和国。由此明确了现阶段中国革命的性质是民主主义革命而非无产阶级社会主义革命，革命的对象是帝国主义和封建军阀而非民族资产阶级，革命的动力是工人、农民和小资产阶级，民族资产阶级也是革命的力量之一，革命的任务是反帝反封建，革命的前途是民主革命成功后转向社会主义革命，渐次达到共产主义社会。

从党的二大到六大，再到1940年毛泽东发表《新民主主义论》，中国革命第一发展阶段即民主革命阶段的主要社会矛盾基本没有变，由主要社会矛盾所决定的革命性质、革命对象、革命动力、革命任务和革命前途也基本没有变。另外，正如毛泽东所说的，在这个中国革命的第一阶段，"因为敌情和同盟军的变化，又分为若干个阶段"。[1] 在这些小阶段上，中国社会主要矛盾又表现出特殊的阶段性变化，由此使民主革命的对象、动力和任务出现阶段性的新特征、新发展。党的正确路线正是建立在对中国社会大的历史时期的主要矛盾相对不变与各个小阶段主要矛盾发生变化的新特征的两者关系的科学判断上。而党内出现"左"右倾路线的主要根源，就在于没有科学把握历史时期与小阶段"不变"与"变"的辩证关系。

党的三大延续了二大对中国社会主要矛盾的科学判断，提出联合一切可以联合的力量，发动"打倒国际帝国主义、打倒军阀"的国民革命运动。在革命策

---

[1]《毛泽东选集》第2卷，人民出版社1966年版，第629页。

略上，与孙中山领导的实行"联俄联共扶助农工"政策的新三民主义的国民党合作。三大正确地认为国民革命属于资产阶级民主革命的性质，正确地估量"在这个革命中，无产阶级是一种现实的最彻底的有力部分"，正确地判断国民革命如果没有占中国人口70%以上的农民参与，也很难成功。但是，没有充分认识到第一次世界大战爆发之际，尤其是俄国十月革命发生之时，世界历史进入了新的历史发展阶段，西方近代旧式的资产阶级革命已宣告终结，东方殖民地半殖民地的民族国家反抗帝国主义阶段的西方资本主义的民主革命，已经与西方资本主义国家的无产阶级革命联系在一起，具有新的革命性质。新式的民主主义革命的性质，决定了革命的领导者不是资产阶级，而是无产阶级及其政党；革命的前途不是先由资产阶级取得政权，而后由无产阶级进行"二次革命"取得政权。

党的四大以解决当时中国社会主要矛盾的革命任务是反帝反封建军阀统治和反对封建的经济关系为出发点，在革命动力上，第一次提出了无产阶级在民主革命中的领导权，强调了农民在民主革命中的重要地位；在革命对象上，明确指出中国资产阶级分为反革命的"大商买办阶级"和"新兴的民族工业资产阶级"两部分，前者是革命对象，后者是联合对象；在革命性质上，明确了中国民主革命不同于近代欧美资产阶级民主革命，是新式的民主革命，它成为世界无产阶级革命的一部分；在革命前途上，明确了民主革命将为中国走向社会主义革命准备条件。

1927年4月蒋介石发动反革命政变之后，党面临严峻形势，党的五大把蒋介石的叛变看作整个资产阶级的叛变，把民族资产阶级当作革命的对象，从而在革命发展阶段问题上，混淆了民主主义革命同社会主义革命的界限。

党的六大总结了大革命失败以来的经验教训，指出中国仍是半殖民半封建社会，引起中国革命的基本矛盾一个也没有解决，现阶段中国革命依然是资产阶级性质的民主主义。但是在中国社会的阶级关系上没有分清主要矛盾与非主要矛盾，否认存在中间营垒，把民族资产阶级当作最危险的敌人，导致把应当争取的广大中间阶级推到敌人一边，在政策上容易出现混淆革命性质"左"倾错误。

六大以后出现的王明"左"倾路线，在中国国情上，夸大资本主义在中国经济中的比重，在阶级关系的主要矛盾上，夸大中国现阶段革命中的反资产阶级斗争、反富农斗争和所谓"社会主义革命成份"的意义，否认中间营垒和第三派的存在，认为中国革命的动力只有工农和下层小资产阶级，其他一切阶级、阶层"已转入反动的营垒"，从而把资产阶级、上层小资产阶级同帝国主义、封建主义并列，都看成是革命的对象。

（三）九一八事变到新中国成立前的特定国情与社会主要矛盾

1931 年日本帝国主义发动九一八事变以后，实行了完全征服中国的战略，中国社会的主要矛盾发生明显的阶段性的巨大变化：一般帝国主义和中国的矛盾，变为特别突出特别尖锐的日本帝国主义和中国的矛盾，国内矛盾降到次要和服从的地位，从而引起国际关系和国内阶级关系的新变化，形成了民主革命新的发展阶段。但是当时以博古为代表的第三次"左"倾路线不但不认识新阶段新变化，忽略了中日民族矛盾的上升和中间阶级的抗日民主要求，反而把同国民党反动统治有矛盾而在当时积极活动起来的中间派断定为最危险的敌人。他们错误地反对所谓"农民的资本主义"和所谓"富农路线"，实行了许多超民主主义的所谓"阶级路线"的政策，例如消灭富农经济及其他过左的经济政策、劳动政策，强调以共产主义为内容的国民教育政策，对知识分子的过左政策，而使当前的革命任务被歪曲，使革命势力被孤立，使红军运动受挫折。1935 年日本帝国主义发动华北事变，尤其是 1936 年西安事变发生以后，中间阶层和一部分大地主大资产阶级的地方集团已经成为抗日同盟者。而"左"倾路线忽视或否认中国社会在新阶段主要矛盾发生重大变化，强调各帝国主义和中国各反革命派别甚至中间派别是要一致地进攻中国革命的，继续主张打倒一切。

1935 年 12 月，在中日矛盾引起中国社会主要矛盾发生阶段性变化的转折点，毛泽东在陕北瓦窑堡会议作《论反对日本帝国主义的策略》的报告，指出近百年来中华民族与帝国主义矛盾的特点在新阶段已经发生了新变化，这就是日本帝国主义要把整个中国从几个帝国主义国家都有份的半殖民地状态改变为日本独占的殖民地状态。在民族的危亡关头，工人农民和小资产阶级是抗日的力量，民族资产阶级也可能参加抗日阵线，国民党营垒中分裂出蔡廷锴、冯玉祥、马占山等抗日力量。即使在地主买办阶级营垒中，也会发生日系和英美系之间的矛盾和争斗。这些矛盾和争斗，可以被我们收集起来，作为反对当前主要敌人之用。要反对"左"倾关门主义，组织广泛的民族革命统一战线，团聚千千万万民众和一切可能的革命友军，向着日本帝国主义及其走狗中国卖国贼这个最中心的目标攻击前进，而不分散目标。

1937 年 5 月，面临日本发动全面侵华战争的严峻形势，毛泽东在《中国共产党在抗日时期的任务》报告中，一开始就分析"民族矛盾和国内矛盾的目前发展阶段"，指出日本帝国主义想要把整个中国变成它的殖民地，就扩大了它与其他帝国主义之间的矛盾裂口，把其他帝国主义与中国的矛盾推入次要的地位。因此，中国应当按照可能和那些在现时愿意保持和平而反对新的侵略战争的帝国主义国家建立共同反对日本帝国主义的关系。在日本武力侵入中国以后，中日矛盾变动了国内的阶级关系，使资产阶级甚至军阀都遇到了存亡问题，在他们及其政党内部逐渐地发生了改变政治态度的过程。这就提出了建立抗日民族统一战线的任务。我们的统一战线是包括资产阶级及一切同意保卫祖国的人们的，是举国一致对外的。毛泽东指出："中日民族矛盾的发展，在政治比重上，降低了国内阶级间的矛盾和政治集团间的矛盾的地位，使它们变为次要和服从的东西。但是国内阶级间的矛盾和政治集团间的矛盾本身依然存在着，并没有减少或消灭。中国和日本以外其他帝国主义国家之间的矛盾亦然。因此，就在中国共产党和中国人民面前提出了下列的任务：适当地调整国内国际在现时可能和必须调整的矛盾，使之适合于团结抗日的总任务。"[1]

1939 年，在抗日战争进入最艰难的阶段，毛泽东在《中国革命和中国共产党》中指出："在日本武力侵入中国以后，中国革命的主要敌人是日本帝国主义和勾结日本公开投降或准备投降的一切汉奸和反动派。"[2]"现阶段中国革命的任务"，"就是对外推翻帝国主义压迫的民族革命和对内推翻被封建地主压迫的民主革命，而最主要的任务是推翻帝国主义的民族革命。"他特别强调："中国今天的民族革命任务，主要地是反对侵入国土的日本帝国主义。"[3]中国共产党正是准确地把握了该阶段的主要矛盾，明确了该阶段革命的主要对象和最主要任务，制定了团结抗日的一系列策略和政策，形成了最广泛的抗日统一战线，赢得了抗日战争的胜利。

抗日战争胜利后，新民主主义革命进入了一个新阶段。在这个新阶段，中国社会的主要矛盾表现为帝国主义、封建主义和官僚资本主义与人民大众的矛盾。1947 年末，人民解放战争已经达到一个转折点，毛泽东在《目前形势和我们的任务》报告中指出，蒋宋孔陈四大家族在他们当权的二十年中，已经集中了价值达一百亿至二百亿美元的巨大财产，垄断了全国的经济命脉。这个垄断资本主义，同国外帝国主义、本国地主阶级和旧式富农密切地结合着，成为买办的封建的国家垄断资本主义即官僚资本主义。新民主主义革命进入人民解放战争阶段的主要任务，除了取消帝国主义在中国的特权以外，在国内，就是要消灭地主阶级和官僚资产阶级的剥削和压迫，改变买办的封建的生产关系，解放被束缚的生产力。被这些阶级及其国家政权所压迫和损害的上层小资产阶级和中等资产阶级，是可以参加新民主主义革命。在新民主主义的国家权力到达

---

[1]《毛泽东选集》第 2 卷，人民出版社 1966 年版，第 234 页。
[2] 同上书，第 596 页。
[3] 同上书，第 599、600 页。

的地方，对于这些阶级必须坚决地毫不犹豫地给以保护。由于中国经济的落后，广大的上层小资产阶级和中等资产阶级所代表的资本主义经济，即使革命在全国胜利以后，在一个长时期内，还需要它们中一切有益于国民经济的部分有一个发展。[1] 1948 年 4 月，毛泽东进一步明确指出，中国共产党在当前历史阶段的总路线和总政策，就是进行无产阶级领导的人民大众反对帝国主义、封建主义和官僚资本主义的新民主主义革命。[2]

毛泽东等党的主要领导者，正是在科学判断整个新民主主义革命漫长过程中每个新发展阶段社会主要矛盾变化的基础上，确定了革命的性质、对象、动力、任务和前途，取得了新民主主义革命最后胜利。

（四）社会主要矛盾转化与党的策略制定

党在不同发展阶段制定的基本策略和各项具体政策，是实现党在不同发展阶段的目标和任务的路径、方案和手段。基本策略和各项具体政策的正确制定，基于对革命的性质、对象、动力、任务和前途的科学判断，归根结底基于对中国社会主要矛盾的科学判断。

在新民主主义革命早期的反帝反封建军阀的大革命运动阶段，当时党面临的社会主要矛盾是帝国主义、封建主义与人民大众的矛盾，制定的革命策略是组成各阶级的国民革命联合战线（其中包括小资产阶级、民族资产阶级），与孙中山领导的国民党合作，以新三民主义政纲作为国共合作的共同纲领，共同推动摧毁封建军阀反动统治的北伐战争。

蒋介石背叛革命以后，帝国主义封建主义与人民大众的矛盾，突出表现为维护帝国主义在中国的特权、维护地主阶级和买办资产阶级利益的国民党政权与人民大众的矛盾。在新的严峻形势下，毛泽东提出领导工农群众建立农村革

---

[1]《毛泽东选集》第 4 卷，人民出版社 1966 年版，第 1197—1198 页。
[2] 同上书，第 1259—1260 页。

命根据地，开展土地革命的正确策略。为了集中打击主要的敌人，毛泽东提出的政策是，坚决地团结中农，保护富裕中农，给富农以经济的出路，也给一般地主以生活的出路。

1935 年，日本侵占华北大部分地区，中华民族陷入空前严重的民族危机，中日矛盾上升为最主要的矛盾。对此，党中央制定了建立最广泛的抗日民族统一战线的新策略，并且制定了调整国内阶级关系、缓解国内矛盾的各项具体政策。如，改变对待富农的政策，其土地除封建剥削之部分外，均不没收。乡村中实行平分一切土地时，富农有与贫农中农分得同等土地之权。又如，用比过去宽大的政策对待民族工商业资本家，保护一切有利于反日反卖国贼运动的工商业。抗日战争期间，毛泽东在关于审干方针和敌后政策的指示中提出："阶级教育，即是统一战线中又团结又斗争的教育，不是离开统一战线的孤立的阶级教育，对外不提'阶级教育'名称。"[1]

根据土地革命阶段转折到抗日战争阶段我国社会主要矛盾的变化，党中央审时度势，提出了国共合作、共同抗日的策略。1936 年 9 月，党中央向党内发出《关于逼蒋抗日问题的指示》，明确提出，目前中国的主要敌人，是日帝，所以把日帝与蒋介石同等看待是错误的，"抗日反蒋"的口号，也是不适当的。1937 年，日本帝国主义发动全面侵华战争。在民族危亡的紧要关头，我们党制定了第二次国共合作的策略。为了和平、民主和抗战，中国共产党领导的陕甘宁革命根据地的政府改名为中华民国特区政府，红军改名为国民革命军，受南京中央政府及军事委员会的指导；在特区政府区域内，实行彻底的民主制度；停止武力推翻国民党的方针；停止没收地主的土地。

抗日战争时期，在反帝反封建关系上，我们党调整了反封建的策略。为了同国民党建立抗日统一战线和团结当时尚能反对日本帝国主义的人们，我们党

---

[1]《毛泽东文集》第 3 卷，人民出版社 1999 年版，第 53 页。

主动把抗日战争以前的没收地主土地分配给农民的政策，改变为减租减息的政策。1939年9月，美国记者埃德加·斯诺（Edgar Snow）访问毛泽东时，问道："抗战是削弱还是加强了中国的封建因素？""在战争当中能实现革命的反封建任务吗？"毛泽东回答："中国革命的目前阶段的首要问题是抵抗日本，反封建的任务要服从于第一位的目的——抗日。共产党提出的实现民主政治，废除苛捐杂税，实行减租减息，以及改良人民生活，这些都是反封建的纲领。"[1]

抗战胜利后，农民与封建地主经济制度的矛盾——曾因民族矛盾而退居为次要矛盾，在进入人民解放战争阶段，又突出起来。1946年5月，党中央及时调整土地政策，决定将抗战阶段对地主减租减息政策，改变为没收地主土地分配给农民的政策。在继续完成反封建土地制度的过程中，我们党正确制定合理的具体政策。诸如，必须避免对中农采取任何冒险政策，纠正将贫雇农同中农对立起来的倾向；由于减租减息时期实行鼓励新富农和富裕中农的政策，对于稳定中农、发展解放区农业生产富有成效，必须区别对待新富农和旧富农，平分土地时，对于老解放区的新富农，照富裕中农待遇，不得本人同意，不能平分其土地。这些政策区分了反对封建土地制度的主要矛盾和非主要矛盾，协调了农民各阶层的矛盾关系，对于巩固和发展解放区，赢得人民解放战争的伟大胜利，起了积极作用。

随着民主革命进入解放战争的发展新阶段，毛泽东指出："中国现阶段革命的目的，是在推翻帝国主义、封建主义、官僚资本主义的统治，建立一个以劳动人民为主体的、人民大众的新民主主义共和国，不是一般地消灭资本主义。"[2]因此，在政策上，必须避免对中小工商业者采取任何冒险政策。各解放区过去保护并奖励一切于国民经济有益的私人工商业发展政策是正确的，今后

---

[1]《毛泽东文集》第2卷，人民出版社1999年版，第245页。
[2]《毛泽东选集》第4卷，人民出版社1966年版，第1230—1231页。

仍应继续。减租减息时期鼓励地主富农转入工商业的政策也是正确的。地主富农的工商业一般应当保护。[1] 毛泽东还指出：依附劳动人民反对反动派的民族资产阶级左翼分子以及从封建阶级分裂出来的少数开明绅士，也是革命者。因为他们在抗日战争时期，在反对美蒋的斗争时期，在政治上曾经给我们以相当的帮助。[2] 对于那些同我们党共过患难确有相当贡献的开明绅士采取的政策是：分别情况，予以照顾，其中政治上较好又有工作能力者，应当继续留在高级政府中给以适当的工作。[3]

（五）毛泽东关于社会革命发展阶段与社会主要矛盾关联性理论的历史意义

毛泽东在抗日战争时期写的重要著作《中国革命和中国共产党》《新民主主义论》，在抗战即将胜利的前夕召开的党的七大上作的政治报告《论联合政府》，对社会革命发展阶段与社会主要矛盾关联性认识问题作出了许多精辟的论述，正确把握社会基本矛盾在特定历史发展阶段所表现出的社会主要矛盾的特殊性，制定了新民主主义革命阶段正确处理社会各类矛盾的政策和策略。

马克思主义创始人认为，贯穿整个人类社会发展的基本矛盾，是生产力和生产关系、经济基础与上层建筑之间的矛盾。这种基本矛盾，在不同国家处于的特定历史阶段和特殊国情所表现出的主要矛盾，是不同的。社会基本矛盾在资本主义社会表现为生产的社会化与资本家占有制之间的矛盾，表现为生产能力无限增长的趋势与社会购买力相对缩小之间的矛盾，表现为周期性的生产过剩的经济危机严重地破坏着社会生产力，表现为无产阶级和资产阶级之间的矛盾和斗争日益尖锐化。

在半殖民地半封建中国社会，生产力与生产关系的基本矛盾，主要表现为

[1] 《毛泽东选集》第4卷，人民出版社1966年版，第1212页。
[2] 同上书，第1231、1233页。
[3] 同上书，第1213页。

帝国主义、封建主义的生产关系严重阻碍了中国民族工业生产力的发展，阻碍了中国从落后的农业国向先进的工业国转变。毛泽东指出，中国在抗日战争以前，在国民经济结构中，现代性工业的占比仅约 10%，农业和手工业占比约90%，这是旧中国半殖民地半封建性质在经济上的表现，这也是中国民主革命时期内和民主革命胜利以后相当长时期内一切问题的基本出发点。[1] 从历史发展逻辑看，工业社会资本主义生产力和生产关系相较于农业社会封建主义生产力和生产关系，是历史的进步。为了发展新式工业的生产力，建设工业化国家，立足于当时国情，党对民族工业资本主义经济采取保护政策。毛泽东指出，民主革命的锋芒不是向着一般的资本主义，而是向着帝国主义和封建主义。[2] 他还指出，新民主主义革命在经济上是把帝国主义汉奸反动派的大资本大企业收归国家经营，把地主阶级的土地分配给农民所有，同时保存一般的私人资本主义的企业，并不废除富农经济。因此，这种新式的民主革命，虽然在一方面是替资本主义扫清道路，但在另一方面又是替社会主义创造前提。[3] 毛泽东在党的七大政治报告中，针对有些人不了解共产党人为什么不但不怕资本主义，反而在一定的条件下提倡它发展的问题，回答说："拿资本主义的某种发展去代替外国帝国主义和本国封建主义的压迫，不但是一个进步，而且是一个不可避免的过程。""现在的中国是多了一个外国的帝国主义和一个本国的封建主义，而不是多了一个本国的资本主义，相反地，我们的资本主义是太少了。"对于有些人一口否认中国应该让资本主义有一个必要的发展，而说什么一下子就可以达到社会主义社会，毛泽东说："我们共产党人根据自己对马克思主义的社会发展规律的认识，明确地知道，在中国的条件下，在新民主主义的国家制度下，除

---

[1]《毛泽东选集》第 4 卷，人民出版社 1966 年版，第 1368 页。
[2]《毛泽东选集》第 2 卷，人民出版社 1966 年版，第 609—610 页。
[3] 同上书，第 610 页。

了国家自己的经济、劳动人民的个体经济和合作社经济之外，一定要让私人资本主义经济在不能操纵国民生计的范围内获得发展的便利，才能有益于社会的向前发展。"[1] 从抗日战争到解放战争时期，毛泽东在多个重要报告、文件和指示中 20 余次说明了利用和引导民族资产阶级工商业经济的政策，还提出了国家和私人合作的国家资本主义经济政策。这些政策为实现"发展生产、繁荣经济、公私兼顾、劳资两利"的新民主主义经济的总目标，开启从农业国转变为工业国的新发展阶段，提供了保障。

毛泽东在新民主主义革命时期把马克思主义的普遍原理与中国现实国情结合起来，创造性地提出社会革命发展阶段和社会主要矛盾的基本理论，不仅为我国新民主主义革命的胜利提供了正确的指导思想，而且也为我国社会主义时期把握好社会发展阶段特征和社会主要矛盾，提供了可供借鉴的宝贵思想财富。

二、新中国成立初期至"文革"时期对社会发展阶段和社会主要矛盾的认识

（一）新中国成立初期的基本国情和社会矛盾

1949 年 10 月 1 日中华人民共和国的成立，标志着新民主主义革命的胜利。但是，这并不意味着我国社会即刻从新民主主义阶段进入社会主义阶段。党中央从我国实际国情出发，科学地考虑了新中国成立后社会发展的阶段问题，认为从新民主主义阶段进入到社会主义阶段，中间有一个过渡阶段即过渡时期。在过渡时期之前，还有一个国民经济恢复阶段即恢复时期。如何正确判断这些不同的大小发展阶段中社会主要矛盾的新变化，事关正确指明我国社会发展阶

---

[1]《毛泽东选集》第 3 卷，人民出版社 1966 年版，第 1009—1010 页。

段性和长远性方向、目标、任务以及正确制定一系列政策的大局。

旧中国是一个落后的农业国，经济和文化的发展远落后于世界先进水平。长久以来，广大仁人志士一直要求把我国从落后的农业国变为先进的工业国。在抗战时期，毛泽东指出："中国落后的原因，主要的是没有新式工业。""消灭这种落后，是我们全民族的任务。""要中国的民族独立有巩固的保障，就必需工业化。我们共产党是要努力于中国的工业化的。"[1]"现在的农村是暂时的根据地，不是也不能是整个中国民主社会的主要基础。由农业基础到工业基础，正是我们革命的任务。"[2]新中国成立前夕，毛泽东在党的七届二中全会上的报告指出："在革命胜利以后，迅速地恢复和发展生产，对付国外的帝国主义，使中国稳步地由农业国转变为工业国，把中国建设成一个伟大的社会主义国家。"[3]这些奋斗目标，反映了中国人民的根本愿望和要求，实际上也反映了我国社会矛盾主要状况——人民对于建立先进的工业国的要求同落后的农业国的现实之间的矛盾。这个矛盾，后来在1956年召开的八大关于社会主义阶段我国社会主要矛盾的科学论断中得到表述。

新中国成立后的国民经济恢复和发展阶段，还要继续完成新民主主义革命的主要任务——土地改革。当时在全国三分之二地区还存在着的封建土地制度需要改革。至1953年春，全国有3亿多无地少地的农民获得了约7亿亩土地和大量生产资料，免除了过去每年向地主缴纳的约700亿斤粮食的苛重地租，解放了农业生产力。这是改变落后的农业国的重要基本步骤。

在这个阶段彻底完成了反封建任务后，如何判断新的社会主要矛盾？毛泽东曾在党的七届二中全会上的报告指出："中国革命在全国胜利，并且解决了

[1]《毛泽东文集》第3卷，人民出版社1999年版，第146—147页。
[2]同上书，第207页。
[3]《毛泽东选集》第4卷，人民出版社1966年版，第1375页。

土地问题以后，中国还存在着两种基本的矛盾。第一种是国内的，即工人阶级和资产阶级的矛盾。第二种是国外的，即中国和帝国主义国家的矛盾。"[1] 1952年6月，毛泽东在谈到现阶段国内的主要矛盾时指出："在打倒地主阶级和官僚资产阶级以后，中国内部的主要矛盾即是工人阶级与民族资产阶级的矛盾。"[2] 提出这个判断，有其特定的历史原因。新中国成立初期，私营工业的产值占全国工业总产值的51%，私营商业的零售商品额占全国商品零售总额的85%。为了尽快恢复和发展国民经济，党和政府对私营工商业合法经营和适当发展采取保护政策。但是，资本家中的不法分子不满足于用正常方式获得一般利润，力图用向国家干部行贿等非法手段获取高额利润，党内一些干部出现了严重贪污腐败问题。这使党中央不能不决定在党政机关开展包括反对贪污在内的"三反"运动，在私营工商业开展反行贿、反偷税漏税、反偷工减料、反盗骗国家财产、反盗窃国家经济情报的"五反"运动。经历半年的"五反"运动打击了不法资本家严重的"五毒"行为，使私营工商业者普遍受到了守法经营的教育，推动了在私营企业中建立工人监督和实行民主改革，使我们党在对资产阶级的限制和反限制斗争中取得了又一个回合的胜利。同时党也防止对私营工商业采取超越特定历史阶段的"左"的做法，在政策上对其劳资关系、公私关系作了适当调整，使资本主义工商业沿着有利于国计民生的轨道继续发展。

从1953年起，我国开始进入从新民主主义过渡到社会主义的时期。过渡时期的总路线和总任务，是要在相当长的时间内，逐步实现国家的社会主义工业化，并逐步实现国家对农业、对手工业和对资本主义工商业的社会主义改造。当年7月，毛泽东在中央政治局扩大会议上的讲话指出："在过渡时期，我们对

[1]《毛泽东选集》第4卷，人民出版社1966年版，第1371页。
[2]《毛泽东文集》第6卷，人民出版社1999年版，第231页。

私营资本主义工商业的改造，必须通过国家资本主义逐步过渡到社会主义。""现在所说的改造，还不是取消资本家私人所有制，使之变为社会主义企业的最后改造步骤，而是指在承认资本家的受限制的不完全的私人所有制条件下，使资本主义企业逐步变为国家资本主义企业，即在人民政府管理下的、用各种方式同国营社会主义经济联系着的和合作的、受工人监督的国家资本主义企业。这种资本主义企业，已经不是解放前的那种资本主义企业，它们主要是为国家和人民的需要而生产，资本家已不能唯利是图。""特殊的、新式的资本主义，即在工人阶级领导下的资本主义，它带有若干社会主义的性质。"[1] 由此可见，之前毛泽东所说的"中国内部的主要矛盾即是工人阶级与民族资产阶级的矛盾"，在社会主义的制度和政策环境下，总体上是非对抗性的矛盾。也正如后来毛泽东在 1957 年 2 月最高国务会议上所说的："工人阶级同民族资产阶级之间的矛盾属于人民内部的矛盾。"[2]

正如毛泽东所说的，"党在过渡时期的总路线的实质，就是使生产资料的社会主义所有制成为我国国家和社会的唯一的经济基础。我们所以必须这样做，是因为只有完成了由生产资料的私人所有制到社会主义所有制的过渡，才利于社会生产力的迅速向前发展，才利于在技术上起一个革命，把在我国绝大部分社会经济中使用简单的落后的工具农具去工作的情况，改变为使用各类机器直至最先进的机器去工作的情况，借以达到大规模地出产各种工业和农业产品，满足人民日益增长着的需要，提高人民的生活水平"。[3] 1953 年，我国开始实施第一个五年计划。原先党中央、毛泽东估计过渡时期需要三个五年计划时间。由于当时缺乏社会主义建设经验，设想用 15 年时间在全国实行单一的生产

[1]《毛泽东文集》第 6 卷，人民出版社 1999 年版，第 285—287 页。
[2]《毛泽东文集》第 7 卷，人民出版社 1999 年版，第 206 页。
[3]《毛泽东文集》第 6 卷，人民出版社 1999 年版，第 316 页。

资料公有制，后来的历史发展证明这是不适合社会主义初建阶段国情的。但是，把"满足人民日益增长着的需要，提高人民的生活水平"作为实行社会主义生产关系的革命以改变落后生产力状况，促进我国从落后的农业国变为先进的工业国的根本目标，则是正确的。毛泽东所提的"满足人民日益增长着的需要"，后来也成为党的八大、十三大乃至十九大关于我国社会主义时期社会主要矛盾表述的核心思想元素，成为解决社会主要矛盾的根本目标导向。

党在过渡时期对资本主义工商业的社会主义改造的主要方式是公私合营，企业由私有变为公有，公方和工人群众结合在一起掌握企业的领导，资本家不再处于支配地位。由此，劳资矛盾、公私矛盾能够朝着有利公方和劳方的方向解决，工人劳动积极性高涨，有利于改进生产。实行这种基本上属于社会主义性质的公私合营制度，为解决毛泽东在过渡时期前所提的现阶段国内主要矛盾是工人阶级与民族资产阶级的矛盾提供了正确方案。

出于尽快向社会主义过渡的急迫心情，原先估计用三个五年计划时间完成对生产资料私有制的社会主义改造，缩短到在第一个五年计划头四年提前基本完成。事实上，要实现把我国由落后的农业国变为先进的工业国的目标，至少还需要十年时间才能打下一个初步基础，先进生产力的发展还要经过很长的路程。因此，1956年我国开始进入的社会主义是初级阶段的社会主义。

（二）党的八大关于社会主义时期社会主要矛盾的科学论断

1956年是我国社会主义初级阶段开端之年，具有重大历史意义的党的八大召开，标志着我国进入了全面建设社会主义时期。八大对社会主义改造基本完成以后国内主要矛盾的变化作出了重要的科学判断。

党的八大通过的《关于政治报告的决议》指出："在旧中国社会中的主要矛盾，即中国人民同帝国主义、封建主义、官僚资本主义的统治的矛盾，由于资产阶级民主革命的胜利而解决了。在解决了这种矛盾以后，我国除了对外还有同帝国主义的矛盾以外，在国内的主要矛盾是无产阶级同资产阶级之间的矛盾，这是社会主义革命所要解决的矛盾。我们对农业、手工业和资本主义工商业的社会主义改造，就是要变革资产阶级所有制，变革产生资本主义的根源的小私有制。现在这种社会主义改造已经取得决定性的胜利，这就表明，我国的无产阶级同资产阶级之间的矛盾已经基本上解决，几千年来的阶级剥削制度的历史已经基本上结束，社会主义的社会制度在我国已经基本上建立起来了。"

《决议》表明："毫无疑问，我国人民还必须为解放台湾而斗争，还必须为彻底完成社会主义改造、最后消灭剥削制度而斗争，还必须为继续肃清反革命残余势力而斗争。不坚决进行这些斗争，是决不许可的。但是，我们国内的主要矛盾，已经是人民对于建立先进的工业国的要求同落后的农业国的现实之间的矛盾，已经是人民对于经济文化迅速发展的需要同当前经济文化不能满足人民需要的状况之间的矛盾。这一矛盾的实质，在我国社会主义制度已经建立的情况下，也就是先进的社会主义制度同落后的社会生产力之间的矛盾。党和全国人民的当前的主要任务，就是要集中力量来解决这个矛盾，把我国尽快地从落后的农业国变为先进的工业国。"

《决议》围绕把我国从落后的农业国变为先进的社会主义工业国的这个中心任务，根据毛泽东在党的八大召开前在中央政治局作《论十大关系》报告关于中国工业化道路的重要思想，阐明了实现社会主义工业化任务所应采取的一系列经济政策，阐明了适应国家工业化需要大力发展科学文化教育事业的政策。

党的八大通过的新党章明确规定："中国共产党的任务，就是有计划地发展国民经济，尽可能迅速地实现国家工业化，有系统、有步骤地进行国民经济的技术改造，使中国具有强大的现代化的工业、现代化的农业、现代化的交通运输业和现代化的国防。""党必须努力促进我国的科学、文化、技术的进步，为在这些方面赶上世界的先进水平而奋斗。党的一切工作的根本目的，是最大限度地满足人民的物质生活和文化生活的需要。"

在党的八大路线指引下，大规模的社会主义建设全面展开，形成了中国近代以来引进规模最大、效果最好、作用最大的工业化浪潮。至1957年，第一个五年计划的各项指标大幅度地超额完成。"一五"期间，在工业总产值增加额中，劳动生产率增加的产值占59.7%，是1978年改革开放前我国经济效益最好的时期。八大关于我国社会主义时期社会主要矛盾和党的根本任务的科学论断，对我国社会主义现代化进程，尤其是以后改革开放事业的发展，产生了深远的历史影响。

（三）党的八大后偏离和改变社会主要矛盾科学论断的历史教训

从国民经济恢复阶段到过渡阶段再到开始进入建设社会主义阶段，党对社会主要矛盾的认识经历了一段探索过程，到党的八大召开时形成了社会主义阶段社会主要矛盾的正确论断。党的八大以后，由于国际和国内发生的一些政治事件，由于缺乏建设社会主义的经验而发动"大跃进"和人民公社运动，导致国民经济严重困难，进而党内在经济和政治关系调整上出现政策分歧。毛泽东认为，"无产阶级和资产阶级的矛盾、社会主义道路和资本主义道路的矛盾"是我国社会的主要矛盾，由此改变了八大关于我国社会主义阶段社会主要矛盾的科学论断。其后果是造成二十年间政治运动尤其是十年"文化大革命"不断冲击经济建设，使我国经济总体上处于世界贫穷落后行列。

1. 党的八届三中全会前后改变对我国社会主要矛盾科学论断的历史背景

党的八大以后，在全面开展社会主义建设的同时，一些新的社会矛盾突出。全国发生数十起罢工、请愿事件，多地农村发生闹缺粮、闹退社的风潮。"双百方针"提出后，知识界思想活跃，有些人对党和政府工作的缺点以及干部作风问题提出批评。许多党员和干部，把群众闹事和尖锐批评视为阶级斗争的表现，用类似处理敌我矛盾的方法处理罢工罢课事件，造成矛盾激化。1957 年初，毛泽东在省市自治区党委书记会议上说：在革命时期，大家集中力量去对付阶级斗争了，人民内部矛盾不突出。建设时期，剩下一部分阶级斗争，大量表现的是人民内部的斗争。如何认识和处理中国社会主义社会的各种矛盾，成为当时党中央着重思考的重大问题。

1957 年 2 月，毛泽东在最高国务会议第十一次（扩大）会议上发表了《如何处理人民内部矛盾》讲话。他指出："在我国现在的条件下，所谓人民内部的矛盾，包括工人阶级内部的矛盾，农民阶级内部的矛盾，知识分子内部的矛盾，工农两个阶级之间的矛盾，工人、农民同知识分子之间的矛盾，工人阶级和其他劳动人民同民族资产阶级之间的矛盾，民族资产阶级内部的矛盾，等等。我们的人民政府是真正代表人民利益的政府，是为人民服务的政府，但是它同人民群众之间也有一定的矛盾。这种矛盾包括国家利益、集体利益同个人利益之间的矛盾，民主同集中的矛盾，领导同被领导之间的矛盾，国家机关某些工作人员的官僚主义作风同群众之间的矛盾。这种矛盾也是人民内部的一个矛盾。一般说来，人民内部的矛盾，是在人民利益根本一致的基础上的矛盾。"[1]

他还指出：资本主义社会的矛盾表现为剧烈的对抗和冲突，表现为剧烈的阶级斗争。社会主义社会的矛盾不是对抗性矛盾，是可以经过社会主义制度本身，不断地得到解决。[2] 他要求各级干部："为了从根本上消灭发生闹事的原因，必须坚决地克服官僚主义，很好地加强思想政治教育，恰当地处理各种矛盾。"[3] 毛泽东强调，"我们提出划分敌我和人民内部两类矛盾的界限，提出正确

---

[1]《毛泽东文集》第 7 卷，人民出版社 1999 年版，第 205—206 页。
[2] 同上书，第 213—214 页。
[3] 同上书，第 237 页。

处理人民内部矛盾的问题，以便团结全国各族人民进行一场新的战争——向自然界开战，发展我们的经济，发展我们的文化"。[1]

这篇讲话在我国生产资料私有制的社会主义改造已经基本完成的情况下，明确指出革命时期的大规模的急风暴雨式的群众阶级斗争基本结束，把正确处理人民内部矛盾作为我国政治生活的主题提了出来，坚持了党的八大对我国社会主义时期社会主要矛盾的科学判断，保持全党的注意力集中在经济建设上，是八大正确方针的继续和发展。

这篇讲话于 1957 年 6 月以《关于正确处理人民内部矛盾的问题》为题公开发表之前，反右派斗争已经开始。由于当时对右派分子向共产党和社会主义制度进攻形势作了过分严重的估计，讲话的整理过程中加进了强调阶级斗争的论述，认为："虽然社会主义改造，在所有制方面说来，已经基本完成，革命时期的大规模的急风暴雨式的群众阶级斗争已经基本结束，但是，被推翻的地主买办阶级的残余还是存在，资产阶级还是存在，小资产阶级刚刚在改造。阶级斗争并没有结束。无产阶级和资产阶级之间的阶级斗争，各派政治力量之间的阶级斗争，无产阶级和资产阶级之间在意识形态方面的阶级斗争，还是长期的，曲折的，有时甚至是很激烈的。"[2]"我国社会主义和资本主义之间在意识形态方面的谁胜谁负的斗争，还需要一个相当长的时间才能解决。"[3] 这些论述，同原有讲话精神是不协调的。

1957 年夏，反右派斗争严重扩大化。当年 9 月，党的八届三中全会召开，着重讨论整风运动和反右派斗争的方针政策和具体部署等问题。毛泽东提出，对当前我国社会的主要矛盾问题，仍应回到党的七届二中全会的提法，即中国

---

[1] 《毛泽东文集》第 7 卷，人民出版社 1999 年版，第 216 页。
[2] 同上书，第 230 页。
[3] 同上书，第 231 页。

革命在全国胜利后国内基本矛盾是工人阶级和资产阶级的矛盾。不少同志表示继续坚持党的八大关于我国社会主要矛盾的正确观点。但是毛泽东在大会最后的讲话中断言：“无产阶级和资产阶级的矛盾，社会主义道路和资本主义道路的矛盾，毫无疑问，这是当前我国社会的主要矛盾。”[1] 这样就改变了党的八大关于在社会主义改造基本完成后，无产阶级和资产阶级的矛盾、社会主义道路和资本主义道路的矛盾已经基本解决的政策。

1958 年 5 月，党的八大二次会议根据毛泽东的意见和反右派斗争的经验，正式改变八大一次会议关于国内主要矛盾的正确判断，断言：“整风运动和反右斗争的经验再一次表明，在整个过渡时期，也就是说，在社会主义社会建成以前，无产阶级同资产阶级的斗争，社会主义道路同资本主义道路的斗争，始终是我国内部的主要矛盾。”并且宣布我国社会有“两个剥削阶级和两个劳动阶级”，右派分子同被打倒了的地主买办阶级和其他反动派被称为一个剥削阶级，“正在逐步地接受社会主义改造的民族资产阶级和它的知识分子”被称为另一个剥削阶级；工人和农民是两个劳动阶级。[2] 这些断言违背了八大关于我国对资本主义工商业的社会主义改造已经取得决定性胜利，“我国的无产阶级同资产阶级之间的矛盾已经基本上解决，几千年来的阶级剥削制度的历史已经基本上结束”的正确判断。

1962 年 9 月，在党的八届十中全会上，毛泽东反复提出阶级矛盾和阶级斗争问题，在修改全会公报时，加写了一段话：“在由资本主义过渡到共产主义的整个历史时期（这个时期需要几十年，甚至更多的时间）存在着无产阶级和资产阶级之间的阶级斗争，存在着社会主义和资本主义这两条道路的斗争。”“这种阶级斗争是错综复杂的、曲折的、时起时伏的，有时甚至是很激烈的。这种阶

---

[1][2]《中国共产党历史》第 2 卷（上册），中共党史出版社 2011 年版，第 461 页。

级斗争，不可避免地要反映到党内来。"[1] 毛泽东还说，阶级斗争和资本主义复辟的危险性问题，我们从现在起，必须年年讲，月月讲。[2]

党的八届十中全会后，把社会主义社会中一定范围内存在的阶级斗争扩大化和绝对化，使政治上"左"倾错误再度发展。1963 年，在开展国际上"反修斗争"的背景下，毛泽东对国内政治形势作了过分严重的估计，认为中国党内也已经出现了修正主义，认为当前中国社会出现了严重的尖锐的阶级斗争情况，存在"资本主义复辟的危险"，部署开展了"以阶级斗争为纲"的城乡社会主义教育运动，开展了思想文化领域的过火批判，使"左"的错误继续得到严重发展，以致在 1966 年发动的"文化大革命"，进一步把阶级斗争扩大化，开展了大规模的急风暴雨式的群众阶级斗争，完全背离了八大提出的"党的一切工作的根本目的，是最大限度地满足人民的物质生活和文化生活的需要"，背离了党的中心任务是发展国民经济，是建设工业、农业、科学技术和国防现代化的社会主义国家的根本目标，国民经济濒于崩溃的边缘。

2. 改变党的八大关于我国社会主要矛盾科学论断的错误根源

缺乏对我国社会主义发展阶段的科学认识，是改变党的八大关于我国社会主要矛盾科学论断的主要错误根源。1958 年至 1962 年，毛泽东越来越强调我国现阶段社会主要矛盾是两个阶级、两条道路的斗争，这与当时对我国社会主义发展阶段的认识发生严重偏差有关。

1958 年，出于加速推进社会主义经济建设、早日实现中国富强的主观愿望，全国掀起了"大跃进"和人民公社化运动的热潮。"大跃进"违背科学规律和经济规律，企图超越中国工业现代化的初始发展阶段，快速赶上发达工业国家。人民公社运动，企图在生产关系变革上超越社会主义不发达阶段，迅

[1]《建国以来重要文献选编》第 15 册，中央文献出版社 1997 年版，第 653 页。
[2]《中国共产党历史》第 2 卷（下册），中共党史出版社 2011 年版，第 711 页。

速达到共产主义阶段。

"大跃进"违背党的八大报告决议关于防止经济发展过高速度的"左"倾冒险倾向，高指标、浮夸风造成了人力、物力和财力的极大浪费以及生态环境的破坏；背离八大报告决议关于重工业、轻工业、农业协调发展，以适应人民日益增长的生活需要的方针，片面实行"以钢为纲"的方针，造成国民经济比例结构严重失调，人民群众生活质量下降。

人民公社化运动超越生产力发展历史阶段，超越群众思想觉悟水平，急于由高级合作社向公有化程度更高、生产关系更高级阶段的农村集体经济组织形式发展。出于"提前建成社会主义"的急躁心理，当时认为共产主义在我国的实现，已经不是什么遥远将来的事情了，应该积极地运用人民公社的形式，摸索出一条过渡到共产主义的具体途径。人民公社运动混淆了社会主义与共产主义两个不同发展阶段的区别，混淆了社会主义不发达阶段与发达阶段的区别。公社"一大二公""一平二调"经济体制，否认社会主义阶段必须实行的商品经济、价值规律、等价交换，使穷社穷队共了富社富队的产，集体共了个人的产；生活资料分配制度违背社会主义按劳分配原则，主要实行具有共产主义因素的按需分配的供给制。这股"共产风"挫伤了广大农民生产积极性，导致了农业生产力被严重破坏、农业经济遭受巨大损失的后果。

1959年，在庐山召开党的八届八中全会期间，彭德怀等同志对"大跃进"、人民公社运动出现的问题和错误提出意见，被作为"右倾机会主义"严厉批判。毛泽东认为："庐山出现的这一场斗争，是一场阶级斗争，是过去十年社会主义革命过程中资产阶级与无产阶级两大对抗阶级的生死斗争的继续。在中国，在我们党，这一类斗争，看来还得斗下去，至少还要斗二十年，可能要斗半个世纪，总之要到阶级完全灭亡，斗争才会止息。"[1]

1961 年，在国民经济调整时期，一些农村开始自发实行包产到队、包活到组、包产到户等各种形式的生产责任制，以真正实现多劳多得的原则，极大调动了农民积极性。1962 年夏，全国有 13 个省、超过 20% 的农村实行了各种形式的生产承包责任制。凡实行了包产到户的，大都收获到好效果。1962 年，党的八届十中全会将包产到户这种探索农村集体经济下的生产责任制实行方式，看作"迎合农民资本主义自发倾向的办法"，采取"三自一包"政策是"搞资本主义"。纠正"左"的错误的看法、调整措施和探索实践，被视为"黑暗风""单干风"和"翻案风"，是"阶级斗争"的表现。

这些批判，强化了"社会主义社会主要矛盾是两个阶级、两条道路斗争"的错误判断，以致发展到"文化大革命"十年间党和国家的一切工作都"以阶级斗争为纲"的严重后果。

3. 党的八大路线方针没有坚持执行的深层原因

缺乏对社会基本矛盾的正确把握，是党的八大路线方针没有得到一以贯之坚持执行的深层原因。一切社会形态的基本矛盾是生产力与生产关系之间的矛盾。这一基本矛盾也是整个社会形态发展和变革的根本原因。这一基本矛盾在特定社会形态的特定发展阶段，具体表现为特定的社会主要矛盾。

党的八大报告决议明确指出："我们国内的主要矛盾，已经是人民对于建立先进的工业国的要求同落后的农业国的现实之间的矛盾，已经是人民对于经济文化迅速发展的需要同当前经济文化不能满足人民需要的状况之间的矛盾。这一矛盾的实质，在我国社会主义制度已经建立的情况下，也就是先进的社会主义制度同落后的社会生产力之间的矛盾。党和全国人民的当前的主要任务，就是要集中力量来解决这个矛盾。"这个科学论断完全体现了马克思主义阐明的生

---

[1]《中国共产党历史》第 2 卷（下册），中共党史出版社 2011 年版，第 554—555 页。

产关系一定要适应生产力性质和发展要求的基本规律，表明了我国社会主要矛盾的实质是生产力与生产关系之间的矛盾，解决这个矛盾的着重点是大力发展先进生产力。

事实上，在党的八大之前，建立先进的生产关系和社会制度的程度已经高于社会生产力发展的程度。从新中国第一个五年计划实施时，即进入了国家对农业、手工业和资本主义工商业生产资料私有制的社会主义改造的阶段。这项生产关系变革的任务比原计划提前十多年基本完成。在农业没有实现半机械化、生产力水平仍然落后的情况下，生产关系急剧向更高阶段变革。1956 年春，全国农村基本上完成兴办半社会主义性质的初级合作社，当年末又基本上迅速发展为社会主义性质的高级合作社。1958 年，仓促建立起来的高级社尚未稳固，又一跃为生产关系具有共产主义性质的人民公社。尚未实现半机械化、机械化的手工业刚刚实现集体所有制，又急速向全民所有制转变。"大跃进"和人民公社化运动时期，生产关系的分配环节变革又超越当前生产力发展阶段，要求破除"资产阶级法权"，逐步取消工资制度，超越社会主义按劳分配的发展阶段，实行体现共产主义按需分配性质的供给制。这些脱离生产力发展水平跳跃式的生产关系和经济制度变革，不是向着解决"先进的社会主义制度同落后的社会生产力之间的矛盾"的方向发展，而是向着生产关系不适应、不利于生产力发展的方向发展。"大跃进"和人民公社化运动的后果是造成国民经济严重困难，人民生活水平下降。由此，非但不能满足人民对经济文化不断增长的需要，反而将党内外同志为纠正生产关系变革超越生产力发展的"左"倾错误而提出意见和调整性探索（诸如反对"共产风"、浮夸风，实行农业生产责任制等），视为"两个阶级、两条道路斗争"，视为"修正主义"，导致改变八大关于社会主要矛盾的科学论断，导致十年"文化大革命"的历史挫折。

三、改革开放以来党对社会主要矛盾的科学判断

1978 年 12 月召开党的十一届三中全会，实现了新中国成立以来党的历史性的伟大转折，开启了我国改革开放和社会主义现代化建设新发展阶段。全会以后恢复了八大对我国社会主要矛盾的科学论断，由此端正了思想路线和政治路线，确定了建设社会主义现代化国家的一系列正确的方针和政策，使我国走上了民富国强的伟大复兴道路。

（一）重新恢复党的八大关于我国社会主要矛盾的科学判断

这次全会召开前，党面临的是持续十年之久的"文化大革命"政治局面混乱所造成的经济建设遭到空前破坏、人民生活贫困的严重状况。十年间，国民收入损失达五千亿元，全民所有制单位职工历年的平均货币工资和实际工资指数均低于"一五"期末的 1957 年和"二五"期末的 1965 年。1978 年，工人的月平均工资只有四五十元，农村的大多数地区仍处于贫困状态。[1] 人均国民生产总值只有新加坡、香港地区的 6%，还低于摩洛哥。全国文盲和半文盲达 2.3 亿多万人，占全国总人口数的近四分之一。正如邓小平当时所说："中国仍然是世界上很贫穷的国家之一。""科学技术水平总体上看要比世界先进国家落后二三十年。"[2] 中国同发达国家相比较，经济上的差距不止十年了，可能是二十年、三十年，有的方面甚至可能是五十年。[3] "人民对于经济文化迅速发展的需要同当前经济文化不能满足人民需要的状况之间的矛盾"已经达到了非常尖锐的程度。

从历史脉络看，"文化大革命"的不幸，是自 1957 年下半年起，党内出现的"左"倾思想，改变了党的八大关于社会主义我国社会主要矛盾的科学论断，

---

［1］《邓小平文选》第 3 卷，人民出版社 1993 年版，第 10 页。
［2］《邓小平文选》第 2 卷，人民出版社 1993 年版，第 163 页。
［3］ 同上书，第 132 页。

改变了基于这个科学论断制定的建设社会主义的正确方针、路线，"以阶级斗争为纲"的错误政治路线和一系列"左"的政策占居支配地位并持续加重的结果。正如邓小平所说："从一九五七年开始我们的主要错误是'左'，'文化大革命'是极左。中国社会从一九五八年到一九七八年二十年时间，实际上处于停滞和徘徊的状态，国家的经济和人民的生活没有得到多大的发展和提高。这种情况不改革行吗？"[1]

党的十一届三中全会，不仅总结了"文化大革命"的历史教训，而且吸取了八大以来正反两方面的历史经验，恢复八大对我国社会主要矛盾的科学判断，恢复八大制定的正确的政治路线，彻底抛弃"文化大革命"盛行的、党的十一大报告继续坚持的"以阶级斗争为纲"和"无产阶级专政下继续革命"的错误理论和路线，提出了"把全党工作的着重点和全国人民的注意力转移到社会主义现代化建设上来"，在生产迅速发展的基础上显著地改善人民生活"这一历史性转折的新方向、总要求。

党的十一届三中全会正是立足于中国社会最紧迫需要解决的主要矛盾——"人民对于经济文化迅速发展的需要同当前经济文化不能满足人民需要的状况之间的矛盾"，为努力发展社会生产力，根本改变我国经济和技术落后面貌，提出了伟大改革任务，就是多方面地改变与生产力发展不适应的生产关系和上层建筑，改变一切不适应的管理方式、活动方式和思想方式。十一届三中全会以后，中华大地涌动起改革开放和社会主义现代化建设的热潮，开始谱写人民富裕、国家富强、民族复兴的历史新篇章。

改革开放的战略起点是端正党的政治路线，其理论的基点是重新回归到党的八大关于我国社会主要矛盾的科学判断上。正如邓小平所说："八大的路线是

---

[1]《邓小平文选》第 3 卷，人民出版社 1993 年版，第 237 页。

正确的。但是，由于当时党对于全面建设社会主义的思想准备不足，八大提出的路线和许多正确意见没有能够在实践中坚持下去。""八大以后社会主义革命和建设二十多年的曲折发展也深刻地教育了全党。从十一届三中全会以来，我们党在经济、政治、文化等各方面的工作中恢复了正确的政策，并且研究新情况、新经验，制定了一系列新的正确政策。"[1] "我们基本上总结了文化大革命和三十年的经验教训，恢复了党的第八次代表大会的名誉和传统。"[2] "三中全会不但解决了文化大革命十年的问题，也在很大程度上解决了二十多年的问题。"[3]

（二）改革开放以来党关于社会主义初级阶段理论和社会主要矛盾的科学论断

党的十一届三中全会召开后不久，邓小平同志在党的理论工作会议上，对几个重要理论问题发表看法，第一点就是讲"社会主义社会的基本矛盾和目前时期的主要矛盾"。他说，仅仅指出"在社会主义社会中，基本矛盾仍然是生产关系和生产力之间的矛盾，上层建筑和经济基础之间的矛盾"，"并不就完全解决了问题，还需要就此作深入的具体的研究"。"至于什么是目前时期的主要矛盾，也就是目前时期全党和全国人民所必须解决的主要问题或中心任务，由于三中全会决定把工作重点转移到社会主义现代化建设方面来，实际上已经解决了。我们的生产力发展水平很低，远远不能满足人民和国家的需要，这就是我们目前时期的主要矛盾，解决这个主要矛盾就是我们的中心任务。"[4]

1981 年 6 月，党的十一届六中全会审议和通过在邓小平指导下起草的《关于建国以来党的若干历史问题的决议》。《决议》充分肯定并恢复八大关于我国社会主要矛盾的科学论断。

---

[1] 《邓小平文选》第 3 卷，人民出版社 1993 年版，第 2 页。
[2] 《邓小平文选》第 2 卷，人民出版社 1993 年版，第 244 页。
[3] 同上书，第 242 页。
[4] 同上书，第 181—182 页。

1982 年，党的十二大明确纠正十一大继续坚持"阶级斗争为纲"的错误方针，指出："在剥削阶级作为阶级消灭以后，我国社会存在的矛盾大多数不具有阶级斗争的性质，阶级斗争已经不再是我国社会的主要矛盾。"强调"必须十分谨慎地区别和处理敌我矛盾和人民内部矛盾，防止重犯阶级斗争扩大化的错误"。十二大报告只是在论及关于集中资金进行重点建设和继续改善人民生活的问题时，提了"不断满足人民日益增长的物质文化需要是社会主义生产和建设的根本目的"，而没有从现阶段我国社会主要矛盾的层面上提这个问题。

改革开放新时期，首次对现阶段我国社会主要矛盾科学判断作出新论断，始于党的十三大。这个论断表述为："我们在现阶段所面临的主要矛盾，是人民日益增长的物质文化需要同落后的社会生产之间的矛盾。"

这个论断，延续了党的八大关于我国社会主要矛盾的科学论断的基本精神，也采取了邓小平在十一届三中全会之前讲的主要观点的精神，即"社会主义制度优越性的根本表现，就是能够允许社会生产力以旧社会所没有的速度迅速发展，使人民不断增长的物质文化生活需要能够逐步得到满足"。[1] 更重要的是，十三大关于现阶段我国社会主要矛盾的科学论断，是基于得到邓小平充分肯定的十三大理论主题——阐明我国社会主义处于初级阶段的理论而概括出来的。

改革开放伊始，邓小平根据党的八大以后出现混淆不同发展阶段、超越发展阶段的"左"倾错误的历史经验，多次强调：社会主义是共产主义第一阶段，这是一个很长很长的历史阶段，社会主义阶段的主要任务是发展生产力，使社会物质财富不断增长，人民生活一天天好起来，为进入共产主义创造物质条件。党的十一届六中全会通过的由邓小平指导起草的《关于建国以来党的若干历史问题的决议》提出了"我们的社会主义制度还是处于初级的阶段"的科学判断，

---

[1]《邓小平文选》第 2 卷，人民出版社 1993 年版，第 128 页。

但没有从理论上充分发挥这个判断。十三大筹备过程中，设想把阐明初级阶段理论作为大会报告的重要内容加以充分发挥。邓小平充分肯定这个设想，指出："我们党的十三大要阐明中国社会主义是处在一个什么阶段，就是处在初级阶段，是初级阶段的社会主义。社会主义本身是共产主义的初级阶段，而我们中国又处在社会主义的初级阶段，就是不发达的阶段。一切都要从这个实际出发，根据这个实际来制订规划。"[1]

党的十三大报告全篇以社会主义初级阶段作为立论的根据，由此明确了我国现阶段社会主要矛盾，以及为解决这个主要矛盾而制定的经济建设发展战略、经济体制改革方向、政治体制改革原则。

社会主义初级阶段理论的出发点是现实国情。首先，我国社会主义脱胎于半殖民地半封建社会，生产力水平远远落后于发达的资本主义国家，这就决定了必须经历一个很长的初级阶段，去实现其他许多国家在资本主义条件下实现的工业化和生产的商品化、社会化、现代化。其次，当时突出景象是，人口多，底子薄，人均国民生产总值仍居于世界后列。十亿多人口，八亿在农村，基本上还是用手工工具搞饭吃；一部分现代化工业，同大量落后于现代水平几十年甚至上百年的工业，同时存在；一部分经济比较发达的地区，同广大不发达地区和贫困地区，同时存在；少量具有世界先进水平的科学技术，同普遍的科技水平不高，文盲半文盲还占人口近四分之一的状况，同时存在。生产力的落后，决定了在生产关系方面，发展社会主义公有制所必需的生产社会化程度还很低，商品经济和国内市场很不发达，自然经济和半自然经济占相当比重，社会主义经济制度还不成熟不完善；在上层建筑方面，建设高度社会主义民主政治所必需的一系列经济文化条件很不充分。

---

[1]《邓小平文选》第3卷，人民出版社1993年版，第252页。

现实国情决定了我国社会主义初级阶段的性质，是逐步摆脱贫穷、摆脱落后的阶段；是由农业人口占多数的手工劳动为基础的农业国，逐步变为非农产业人口占多数的现代化的工业国的阶段；是由自然经济半自然经济占很大比重，变为商品经济高度发达的阶段；是通过改革和探索，建立和发展充满活力的社会主义经济、政治、文化体制的阶段；是全民奋起，艰苦创业，实现中华民族伟大复兴的阶段。

现实国情和阶段性质决定了我国社会主义初级阶段的时间跨度是：我国从20世纪50年代生产资料私有制的社会主义改造基本完成，到社会主义现代化的基本实现，至少需要上百年时间，都属于社会主义初级阶段。

初级阶段的现实国情、初级阶段的基本性质决定了"我们在现阶段所面临的主要矛盾，是人民日益增长的物质文化需要同落后的社会生产之间的矛盾"。

初级阶段的主要矛盾决定了该阶段的根本任务和基本方针是，为了摆脱贫穷和落后，尤其要把发展生产力作为全部工作的中心，要把是否有利于发展生产力作为我们考虑一切问题的出发点和检验一切工作的根本标准。

着眼于适应和促进社会主义初级阶段生产力发展，以生产关系改革为主要内容的经济体制改革出台了一系列新的方略和政策。诸如，改变单一公有制经济，建立以公有制为主体、发展包括私营经济在内的多种所有制经济的新体制；建立社会主义有计划商品经济的体制，加快建立和培育社会主义市场体系，逐步健全以间接管理为主的宏观经济调节体系；实行以按劳分配为主体的多种分配方式和正确的分配政策；等等。

党的十四大总结改革开放14年经验，概括建设有中国特色社会主义理论的主要内容之一是："强调现阶段我国社会的主要矛盾是人民日益增长的物质文化需要同落后的社会生产之间的矛盾，必须把发展生产力摆在首要位置，以经济建设为中心，推动社会全面进步。"十四大指出，改革探索要突破束缚生产力发展的体制和观念，主要是防止来自"左"的阻力。基于初级阶段社会主要矛盾，十四大提出我国经济体制改革的目标是建立社会主义市场经济体制，以利于进一步解放和发展生产力。

党的十五大坚持十三大以来关于我国处于社会主义初级阶段的科学论断，特别指出，讲要搞清楚"什么是社会主义、怎样建设社会主义"，就必须搞清楚什么是初级阶段的社会主义，在初级阶段怎样建设社会主义。十一届三中全会之前建设社会主义中出现失误的根本原因之一，就在于提出的一些任务和政策超越了社会主义初级阶段。近二十年改革开放和现代化建设取得成功的根本原因之一，就是克服了那些超越阶段的错误观念和政策，又抵制了抛弃社会主义基本制度的错误主张。十五大明确指出初级阶段与主要矛盾的关系，阐明了抓主要矛盾的全局性意义：我国"社会的主要矛盾是人民日益增长的物质文化需要同落后的社会生产之间的矛盾，这个主要矛盾贯穿我国社会主义初级阶段的整个过程和社会生活的各个方面。这就决定了我们必须把经济建设作为全党全国工作的中心，各项工作都要服从和服务于这个中心。只有牢牢抓住这个主要矛盾和工作中心，才能清醒地观察和把握社会矛盾的全局，有效地促进各种社会矛盾的解决"。

跨入 21 世纪，我国胜利实现了现代化建设"三步走"战略的第一步、第二步目标，人民生活总体上实现了由温饱到小康的历史性跨越。2001 年，我国国内生产总值逾 9.59 万亿元，比 1989 年增长近两倍，年均增长 9.3%，实现了翻两番的目标，经济总量已居世界第六位。2002 年，在党的十六大报告起草过程中，有人提议修改我国社会主要矛盾的表述。在充分肯定 24 年来改革开放和小康社会建设成就的同时，党中央冷静分析现实国情，清醒认识到现在达到的小康还是低水平的、不全面的、发展很不平衡的小康。其主要表现为：我国生产力和科技、教育还比较落后，实现工业化和现代化还有很长的路要走；城乡二元经济结构还没有改变，地区差距扩大的趋势尚未扭转，贫困人口还为数不少，农民和城镇部分居民收入增长缓慢；人口总量继续增加，老龄人口比重上升，失业人员增多，有些群众的生活还很困难，就业和社会保障压力增大；生态环境、自然资源和经济社会发展的矛盾日益突出；我们仍然面临发达国家在经济科技等方面占优势的压力；经济体制和其他方面的管理体制还不完善，收入分配关系尚未理顺；市场经济秩序有待继续整顿和规范；民主法制建设和思想道德建设等方面还存在一些不容忽视的问题。巩固和提高目前达到的小康水平，还需要进行长时期的艰苦奋斗。显然，目前修改我国社会主要矛盾的表述时机还不成熟。十六大报告本着"既不落后于时代、又不超越阶段，使我们的事业不断从胜利走向胜利"的科学精神，明确判断："我国正处于并将长期处于社会主义初级阶段，现在达到的小康还是低水平的、不全面的、发展很不平衡的小康，人民日益增长的物质文化需要同落后的社会生产之间的矛盾仍然是我国社会的主要矛盾。"十六大以后，党和国家的事业继续朝着解决这个主要矛盾的方向前进，进入全面建设小康社会的新发展阶段。

2007 年党的十七大召开时，经过将近 30 年改革开放和现代化建设，我国经济总量跃至世界第四位。在十七大报告起草过程中，仍然出现关于是否要修改我国社会主要矛盾的表述的议论。面对伟大成就，党中央清醒地把握进入 21 世纪国家发展呈现的新的阶段性特征。其主要表现为：我国经济总量跃至世界第四位，同时人均国内生产总值仍排在世界一百名之后；经济实力显著增强，同时生产力水平总体上还不高，自主创新能力还不强，长期形成的结构性矛盾和粗放型增长方式尚未根本改变；社会主义市场经济体制初步建立，改革攻坚面临深层次矛盾和问题；人民生活总体上达到小康水平，同时收入分配差距拉大趋势还未根本扭转，城乡贫困人口和低收入人口还有相当数量；协调发展取得显著成绩，同时农业基础薄弱、农村发展滞后的局面尚未改变，缩小城乡、区域发展差距和促进经济社会协调发展任务艰巨；社会主义民主政治不断发展，同时民主法制建设与扩大人民民主和经济社会发展的要求还不完全适应；社会主义文化更加繁荣，同时人民对发展社会主义先进文化提出了更高要求；社会活力显著增强，同时社会建设和管理面临诸多新课题；对外开放日益扩大，同时面临的国际竞争日趋激烈，可以预见和难以预见的风险增多。为此，十七大通过的报告指出：这些情况表明，"我国仍处于并将长期处于社会主义初级阶段的基本国情没有变，人民日益增长的物质文化需要同落后的社会生产之间的矛盾这一社会主要矛盾没有变。当前我国发展的阶段性特征，是社会主义初级阶段基本国情在新世纪新阶段的具体表现"。

2011 年，我国经济总量跃升到世界第二位，社会生产力和人民生活水平迈上一个大台阶，综合国力和国际竞争力迈上一个大台阶，国家面貌发生新的历史性变化，全面建设小康社会取得阶段性成就。2012 年党的十八大召开，标志着我国进入全面建成小康社会的新发展阶段。面对实现全面建成小康社会目标，要解决矛盾不仅是经济、文化领域能否满足人民对物质和文化增长的需求，而且政治、文化、社会和生态环境领域诸多矛盾也凸显出来。这些矛盾反映了发展中不平衡、不协调、不可持续问题。进入实现全面建成小康社会的新阶段，在十八大报告起草过程中，关于是否要考虑修改现阶段我国社会矛盾的表述的议论再次出现。党中央清醒地把握基本国情，中国经济总量虽排在世界第二位，但仍然是世界上最大的发展中国家，人均国内生产总值不到 5500 美元，只有世界平均水平的 60%，仍然排在世界一百位前后，农村扶贫对象还有 1.5 亿人，城乡区域发展差距和居民收入分配差距依然较大。影响发展的主要问题是，作为提升生产力先进水平的第一要素——科技自主创新能力不强，产业结构不合理，农业基础依然薄弱，资源环境约束加剧，制约科学发展的体制机制障碍较多，深化改革开放和转变经济发展方式任务艰巨，人民对于教育、就业、社会保障、医疗、住房和生态环境等基本生活改善的需求尚未得到满足。经济文化发展和民生改善的最基本的物质基础是充分发展先进的社会生产力，淘汰落后的生产方式。解决社会方方面面诸多矛盾的生产关系和上层建筑改革，仍然要围绕经济建设为中心的基本要求。为此，十八大仍然指出："我们必须清醒认识到，我国仍处于并将长期处于社会主义初级阶段的基本国情没有变，人民日益增长的物质文化需要同落后的社会生产之间的矛盾这一社会主要矛盾没有变，我国是世界最大发展中国家的国际地位没有变。在任何情况下都要牢牢把握社会主义初级阶段这个最大国情，推进任何方面的改革发展都要牢牢立足社会主义初级阶段这个最大实际。"根据我国社会主要矛盾没有变的基本判断，十八大报告提出在新的历史条件下夺取中国特色社会主义新胜利必须牢牢把握的基本要求之一就是，"必须坚持解放和发展社会生产力。解放和发展社会生产力是中国特色社会主义的根本任务。要坚持以经济建设为中心，以科学发展为主题，全面推进经济建设、政治建设、文化建设、社会建设、生态文明建设，实现以人为本、全面协调可持续的科学发展"。

党的十八大根据初级阶段社会主要矛盾在全面建成小康社会新阶段上呈现的新情况、新问题，有针对性地提出了全面深化改革的目标。在十八大路线方针指引下，经过短短五年，我国发展质量和效益不断提升，经济增长在世界主要国家中名列前茅，国内生产总值从 54 万亿元增长到 80 万亿元，稳居世界第二，对世界经济增长贡献率超过 30%。一大批惠民举措落地实施，人民获得感显著增强。脱贫攻坚战取得决定性进展，6000 多万贫困人口稳定脱贫，贫困发生率从 10.2% 下降到 4% 以下。教育事业全面发展，中西部和农村教育明显加强。就业状况持续改善，城镇新增就业年均 1300 万人以上。城乡居民收入增速超过经济增速，中等收入群体持续扩大。覆盖城乡居民的社会保障体系基本建立。

从党的八大到十九大召开前的社会主义建设的历史经验，尤其是改革开放近 40 年的成就和经验表明，科学判断社会主义发展阶段和社会主要矛盾，是建设中国特色社会主义的首要问题，是我们制定和执行正确的路线和政策的根本依据。

第三章

中国特色社会主义新发展阶段的社会主要矛盾转化

从党的十八大到十九大期间，我国社会生产力取得了跨越式发展，经济文化发展发生了巨大变化。中国特色社会主义进入了新时代，这个新时代是一个大跨度的新发展阶段，是中华民族迎来了从站起来、富起来到强起来的伟大飞跃的时代，是决胜全面建成小康社会、进而全面建设社会主义现代化强国的时代，是全国各族人民团结奋斗、不断创造美好生活、逐步实现全体人民共同富裕的时代。

进入新时代，我国社会生产力水平总体上显著提高，社会生产能力在很多方面进入世界前列，"落后生产"面貌得到了很大改变，人民美好生活的需要，不仅对物质文化生活提出了更高要求，而且在民主、法治、公平、正义、安全、环境等方面的要求日益增长。从更深层面说，要满足人民美好生活的需要，主要着力解决经济建设、政治建设、文化建设、社会建设和生态文明建设不协调、不平衡、不全面、不充分的问题。进入新时代，面临更加突出的问题是发展不平衡不充分，这已经成为满足人民日益增长的美好生活需要的主要制约因素。

因此，党的十九大报告作出了关系全局的重要科学判断："中国特色社会主义进入新时代，我国社会主要矛盾已经转化为人民日益增长的美好生活需要和不平衡不充分的发展之间的矛盾。"社会主要矛盾的这一转化，反映了新时代、新发展阶段的基本特征，规定了发展的新要求，就是"大力提升发展质量和效益，更好满足人民在经济、政治、文化、社会、生态等方面日益增长的需要，更好推动人的全面发展、社会全面进步"。

一、新发展阶段社会主要矛盾转化的科学论断提出的依据

（一）党的十八大以来我国发展取得了巨大成就

我国总体上已经改变了原来"落后生产"状况，全面建成高水平的小康社会取得了战略性胜利，从党的十八大以来我国发展变化的成就看，主要有以下几方面。

其一，我国社会生产力水平总体上显著提高，社会生产能力在很多方面进入世界前列，"落后生产"状况发生明显改变，经济建设取得了巨大发展。从党的十八大召开的 2012 年至十九大召开前的 2016 年，我国国民生产总值从 51.9 万亿元人民币增加到 74.4 万亿元人民币，年均增长 7.2% 以上。中国对世界经济增长的贡献率达到 30% 以上，超过美国、欧元区和日本贡献率的总和，居世界第一位。按照世界银行统计，2016 年中国经济规模达到 11.19 万亿美元，已逾美国经济总量的 60%。2016 年末，我国银行体系资产总规模已达 33 万亿美元，超过欧洲、美国、日本等国家和地区。2012 年至 2016 年，全国居民可支配收入年均增长 7.84%，其增长率高于 GDP 增长率。汽车普及是社会生产力发展和经济增长的重要标志之一。国际上进入汽车社会的门槛是每百户家庭拥有 20 辆汽车，我国 2014 年每百户拥有汽车 25 辆。

党的十九大召开的 2017 年，我国经济又取得新的发展。当年我国国内生产总值 82.7 万亿元，占世界经济比重从 2012 年的 11.4% 提高到 15% 左右。当年底，中国对外直接投资存量跃居全球第二位。2017 年全国居民人均可支配收入比改革开放之初的 1978 年实际增长 22.8 倍，年均增长 8.5%，形成世界上人

口最多的中等收入群体国家。我国经济快速发展，推动了产业结构升级，2012年至 2017 年，服务业比重从 45.3% 上升到 51.6%。

其二，我国科学技术事业取得了巨大发展，一些科学技术成就进入世界前列。创新型国家测度的主要指标之一是，全社会研究与开发经费投入占国内生产总值的 2% 以上。2017 年我国研究与试验发展经费投入 1.76 万亿元，全社会研发经费支出占 GDP 的 2.15%，超过欧盟 15 国这一比例平均为 1% 的水平，达到创新型国家的第一指标。2012 年至 2017 年，我国全社会研发投入增长 70.9%，年均增长 11.8%，跃居世界第二位。创新型国家测度的主要指标之二是，科技进步贡献率达到 70% 以上。2012 年至 2017 年，科技进步贡献率由 52.5% 提高到 57.5%，接近创新型国家的指标。创新性国家测度的主要指标之三是，对外技术依存度在 30% 以下。我国对外技术依存度从 2006 年的 60% 下降到 2016 年的 40%。2017 年，在国际 180 个科技热点前沿和新兴前沿中，我国表现卓越的研究领域有 30 个，位列世界第二。

科技是第一生产力，科技人才是富国强国的第一资源。2017 年，我国拥有 8100 万科技工作者，1.7 亿多受过高等教育或拥有专业技能的人才，110 万余回国人才，535 万研发人员，研发人员数量世界第一。我国反映科技创新能力的专利申请量大幅度提升。2012 年至 2017 年，我国发明专利申请量持续居全球第一。2017 年，我国专利申请量占到全球的 44%，是美国的两倍。华为公司是 2017 年度世界上最大的国际专利申请者。我国在全球创新指数排行榜上的名次不断上升，也反映出科技创新驱动经济增长和社会发展的水平。2015 年全球创新指数排行榜，用 79 个指标来衡量对世界上 141 个经济体创新能力和可量化的成果，中国居第 29 位，到 2017 年中国排名上升到第 22 位。

我国高科技领域重大成果世界瞩目。2016 年我国卫星导航与位置服务产业总体产值达到 2118 亿元，北斗系统对产业核心产值的贡献率达到 70%。继

2010 年中国"天河一号"登上世界超级计算机 500 强排名榜首，2013 年中国"天河二号"再次在世界超级计算机排行榜夺魁，2016 年我国"神威·太湖之光"赢得全球最快超级计算机桂冠。2017 年，我国自主建成世界上最大口径的球面射电望远镜 FAST。2012 年至 2016 年我国胜利进行了第四次至第六次载人航天飞行。2013 年，我国"嫦娥三号"月球探测器成功着陆月球之后，在月球停留超过两年半时间，创下在月球表面工作时间最长的世界纪录，获得的大量数据中多项属于世界首次。2012 年 6 月，"蛟龙"号载人潜水器创造了世界同类作业型潜水器最大下潜深度纪录。2017 年复兴号高速列车实现了世界高速列车时速最高的商业运营。2017 年，中国首艘国产航母正式下水，国产大飞机首次完成跑道高速滑行测试。

其三，我国工业信息化、经济社会信息化发展迅速。信息文明时代，工业信息化程度、经济社会信息化发展水平，是衡量国家现代化水平的重要标尺。以信息化带动工业、以工业化促进信息化，是工业现代化的重要新含义，是当代先进生产力发展的重要路径和发展形态。

2012 年至 2017 年，我国工业研发设计、生产制造、经营管理以及生产装备的信息化水平不断提升，主要行业大中型企业的数字化设计工具普及率超过了 60%，关键工序的数控化率超过 50%。2001 年中国工业机器人保有量仅 3500 台，到 2015 年这个数字已远远超过 10 万。2017 年，我国继续成为全球第一大机器人市场，销量突破 12 万台，约占全球总产量的三分之二。至 2017 年，我国连续九年成为全球高端数控机床第一消费大国，全球 50% 的数控机床装在中国的生产线上。

2017 年，我国互联网网民达 7.51 亿，全世界约 25% 的互联网用户是中国人，互联网普及率已达到 54.3%，超出全球平均水平 4.6 个百分点。电子商务、手机银行、移动支付、网络购物、车联网、物联网已经广泛融入了人们的日常生活。2017 年，我国数字经济总量达到 27.2 万亿元，占国内生产总值的比重达到 32.9%；中国移动支付的规模达到 120 万亿元，高于 2016 年的 59 万亿元。

其四，我国制造业生产能力巨大，许多超级工程、大型工程建设取得了举世瞩目的成就。2013 年，我国钢铁产量近 7.8 亿吨，占全世界钢铁产量的一半。世界超级工程港珠澳大桥 2017 年 7 月 7 日实现主体工程全线贯通。截至 2017 年底，我国长江大桥总量达 135 座（宜宾以下长江流域），其中 32 座在建。2012 年至 2017 年，我国高铁运营里程从 9000 多公里增加到 2.5 万公里，占世界高铁运营总里程的三分之二。宏大的南水北调工程取得重大进展，2013 年东线一期工程正式通水，2014 年中线工程长度 1432 公里总干渠正式通水。

其五，我国扶贫脱贫取得重大进展，在全面建设小康社会新征程中取得了又一个阶段性的胜利。扶贫脱贫是彻底改变我国农村落后面貌，让全体人民共享改革发展成果，实现共同富裕的重大战略任务。在中央政府和地方各级政府的不懈努力下，2013 年至 2016 年，全国贫困人口由 9899 万减少至 4335 万，累计减少 5564 万人，年均减贫 1391 万人，是历史上规模最大的减贫。全国贫困发生率从 2012 年的 10.2% 降至 2017 年末的 3.1%，成为世界上率先完成联合国千年发展目标的国家。从改革开放之初的 1978 年至党的十九大召开的 2017 年，全国农村贫困人口减少 7.4 亿，贫困发生率从 97.5% 减少 3.1%，对全球减贫贡献率超过 70%。

其六，我国生产方式、能源结构加快绿色转型，大量淘汰落后过剩产能。我国经历 30 多年经济持续快速增长，自然资源消耗加大，尤其是长期存在的粗放型增长方式，使经济发展面临着越来越突出的能源、资源、环境制约。党的十八大以来，不断淘汰高能耗、高消耗、高污染产业，推进生产方式绿色转型，在资源消耗低、环境污染少、追求增长的质量和效益的新型工业化道路上迈出了新的步伐。

2011 年至 2015 年"十二五"规划期间，单位工业增加值用水量降低 35%。非化石能源占一次能源消费比重达到 12%。2011 年至 2016 年我国单位 GDP 能耗下降 20.9%，减排二氧化碳 21 亿吨。我国节能环保产业规模从 2 万亿元发展到 5 万亿元以上，年均增速超过 15%，约为同期我国 GDP 增速的两倍。2016 年底，我国可再生能源发电装机容量达 5.7 亿千瓦，约占全部电力装机的 35%；非化石能源利用量占到一次能源消费总量的 13.3%，比 2010 年提高 3.9 个百分点。

"十二五"淘汰高污染高能耗的落后产能，其中，钢铁 9000 多万吨、水泥 2.3 亿吨、平板玻璃 7600 多万重量箱、电解铝 100 多万吨。2017 年再继续压减钢铁产能 5000 万吨左右，退出煤炭产能 1.5 亿吨以上，淘汰、停建、缓建煤电产能 5000 万千瓦以上，制造业和能源产业发展的绿色含量逐年提升。

其七，教育文化旅游事业发展迅速，不断满足人民对文化多样化发展的需要。教育是立国之本、树人之根。2017 年，我国九年义务教育巩固率为 93.8%，高中阶段毛入学率为 88.3%，高等教育已经接近中等发达国家水平。至 2017 年底，全国 82% 的县通过了义务教育基本均衡发展督导评估认定，乡村孩子能享受到公平优质的教育。

文化是民族的血脉，是人民的精神家园。2012 年至 2017 年，我国文化产业年均增长 13%，文化产业增加值达到 34722 亿元，占国内生产总值的 4.2%。我国图书年产量居全球第一。我国文学作品创作和出版空前活跃，长篇小说数量，2010 年以前每年约 3000 部，2012 年开始达到 4000 多部，2017 年稳定在 5000 部以上。2017 年，我国出版各类报纸 368 亿份，各类期刊 26 亿册，图书 90 亿册；我国公共图书馆发放 6736 万张借书证，接待 7.45 亿人次；我国现有各类博物馆 4873 座，每年举办展览 2.2 万余个，接待观众人次 9 亿以上。2013 年，我国表演艺术团体共有 8180 个，2017 年增加到 15752 个，几乎增长一倍；

演出场次也从每年 165 万场增长至 294 万场。2017 年，44521 个群众文化机构举办 198 万次活动，服务群众 6.4 亿人次。2017 年，中国音乐产业总规模达到 3470.94 亿元；我国 99.1% 居民能收看到电视；我国电视剧年产量 13310 集，居全球第一；我国电影年产量近千部，居全球第二。2012 年至 2017 年，我国电影海外票房收入由 10.63 亿元提高到 42.53 亿元。2016 年中国电影海外销售收入 38.26 亿元，较 2015 年增长 38.09%，这是中国电影海外销售收入连续四年快速增长。据世界旅游组织统计，2016 年中国大陆游客境外消费 2610 亿美元，相当于美国的两倍。

其八，社会建设不断积极推进，就业、居住、医疗、养老等民生保障和改善取得新的成就。推进以保障和改善民生为重点的社会建设，是全面建设小康社会、实现协调发展和共享发展的重大战略部署。从党的十八大到十九大召开期间，党和政府谋民生之利、解民生之忧，在学有所教、劳有所得、病有所医、老有所养、住有所居上取得新进展。

就业事关民生保障、社会稳定、经济增长的大局。中央和地方政府实施就业优先战略和政策，2013 年至 2016 年，城镇新增就业连续四年保持在 1300 万以上，农民工总量年均增长 1.8%。2017 年 9 月，30 个大城市和城镇调查失业率为 4.83%，为 2012 年以来最低。

改善民众的居住条件，是为民谋利、让全体人民过上小康生活最基本的要求。2012 年至 2017 年，保障性安居工程建设使十亿多住房困难群众圆了安居梦。2017 年，城乡居民居住的钢筋混凝土或砖混材料结构住房的户比重为 93.5% 和 65%，分别比 2013 年提高 1.7 个和 9.3 个百分点。1987 年全国约有一亿人口生活在城镇棚户区，到 2017 年，其中 80% 以上住进新楼房。

医疗保险尤其是大病医疗保险制度的完善，是解民生之忧的重要环节。2015 年实现城乡居民大病医疗保险制度全覆盖。2016 年，全国大病保险受益

1010 万人次，比 2015 年增加 400 万人次。2017 年，国家医疗投入占财政 7%；城镇地区 85.1% 的户所在社区有卫生站，农村地区 88.9% 的户所在自然村有卫生站。

随着我国经济社会发展，人民生活水平提高，老人寿命明显延长，养老保障和养老事业发展成为建设小康社会的重要方面。我国居民人均期望寿命从 1981 年的 67.9 岁提高到 2016 年的 76.5 岁，达到中等发达国家水平。北京、上海、广州、深圳等城市的居民人均期望寿命已经超过 80 岁。2017 年全国企业退休人员月均基本养老金，从 2012 年的 1686 元增加到 2016 年的 2362 元，年均增长 8.8%。2017 年参加城乡居民基本养老保险人数 5.12 亿人。

（二）发展不平衡不充分的矛盾逐渐凸显

我国在以上各方面取得伟人的发展成就的同时，经济、政治、文化、社会、生态文明各领域发展不平衡、不充分的矛盾，城乡区域之间发展不平衡的矛盾，增长的数量速度与质量效益之间不平衡的矛盾，日益突出。主要表现为以下几方面。

其一，在制造业发展方面，存在数量规模扩张与高质量发展之间不平衡，自主核心技术、关键技术发展不充分等矛盾。

从 2010 年起，我国制造业产出总量上升至世界第一位，占世界制造业产出的 19.8%，略高于美国的 19.4%；在世界 500 多种主要的工业品当中，中国有 220 多种产品产量，居全球第一位。此外，近年来我国规模巨大的高铁网和高速公路网、跨海大桥、海上风力发电、海上油气开采等大型工程，都显示了中国大型基础设施建造和大型装备制造的能力。

虽然我国制造业在数量和规模上成为世界第一大国，但在先进工业制造的不少领域内还缺乏自主核心技术、关键技术，还依赖于从发达国家进口引进。我国在高端芯片、超高精度机床、高端机器人、顶尖精密仪器、高端医疗器械、高热效率燃气轮机、航空发动机、新能源汽车等领域的核心技术研发方面依然有待提升。

2017 年中国集成电路产业销售额达到 5411.3 亿元，同比增长 24.8%。但是，这个全球最大集成电路市场，主要的产品却严重依赖进口。2013 年以来，中国每年需要进口超过 2000 亿美元芯片，而且连续多年居单品进口第一位，2017 年创历史新高，达到 2601 亿美元。发达国家对高端芯片高精度加工设备、高端芯片生产所必需的多种材料，设置了极高的技术壁垒。高端芯片技术成为"卡脖子"技术。

2015 年以来，中国已连年成为全球机器人第一大应用市场。但高端机器人依然需要进口日本等国产品。其原因是国产机器人与国外高端机器人的核心算法的差距过大，导致国产机器人经常出现故障，稳定性不佳。日本欧洲四大机器人制造企业可以向中国出售机器人的一些部件，但唯独拒绝出售核心算法。

2015 年，我国电动汽车生产销售数量已经占全球产销总数 55 万辆的 38%；全球十大新能源汽车制造企业中，中国占 4 家。但是我国在动力电池的能源密度和性能方面还落后于国外先进水平，电机、电控系统中的一些核心元器件也大多依赖国外。

至 2016 年，我国高端医疗设备市场逾 80% 的份额仍被跨国公司占有。国内医疗器械制造企业虽然努力自主研发高端设备产品，仍不能在短期内改变依靠进口核心零部件在国内组装产品的状况。

其二，在收入分配方面，存在城乡居民和不同社会群体收入增长不平衡，共享发展成果不够充分等矛盾。

我国居民可支配收入从增长总量和平均增长率看，是可喜的。但是，从城乡居民和不同社会群体看，收入差距较大。2012 年至 2016 年，全国城乡居民可支配收入年均增长 7.84%，其增长率高于 GDP 增长率，但是，农村居民人均可支配收入仅占城市居民人均可支配收入的 36%。

国际上，衡量一个国家或地区居民收入差距的常用指标是基尼系数。按照国际惯例，基尼系数 0.3 至 0.4 收入分配差距相对合理，0.4 至 0.5 收入分配差距较大。2008 年之前，中国的收入分配差距持续扩大，2008 年的基尼系数达到了最高点 0.491。2008 年以后这一数字就开始下行，2012 年为 0.474，2016 年为 0.465，但是仍然在收入分配差距较大的区段内。

经济发展的内涵，既包括较快增长，也包括合理分配。在市场经济环境下，允许和鼓励资本等生产要素参与收益分配。但对依靠资本获取高收益分配而不加以调节（诸如税收调节），资本要素与劳动要素在收益分配的差距会拉大，不利于社会形成依靠诚实劳动（体力劳动、技能劳动和智力劳动）创造财富，获取较好收益分配的公平环境。需要通过调节税收等政策，节制资本畸形扩张，节制食利者阶层，使收入分配更多向劳动倾斜，才能营造鼓励脚踏实地、勤劳致富的社会氛围，才能实现社会公平正义。如果劳动报酬在初次分配中的比重偏低，容易引发社会矛盾，不利于社会进一步和谐稳定。

其三，在经济社会发展方面，存在网络安全、金融安全、食药安全、防灾安全发展不充分的矛盾。

一是网络安全问题。2012 年至 2017 年，我国社会安全治理取得了一定成就，严重暴力犯罪案件、特大道路事故分别下降 51.8%、40.8%。但是，随着经济快速增长、人民生活富起来，"互联网＋金融"的新业态快速发展，网络电信诈骗猖獗。仅 2016 年上半年，我国已拦截电信诈骗涉案资金 14 余亿元，关停电话 14 万余个，案件 4.4 万起。2017 年，中国网民因个人信息泄露造成经济损失已经超过千亿元，因网络欺诈导致经济损失 5000 亿元。网民个人隐私交易数据黑色产业链恶性发展，钓鱼网站、冒充银行网站等经济诈骗造成人民群众财产损失惨重。

二是金融安全问题。防控金融风险是维护国家经济安全和人民切身利益的重要方面。近年来，影响金融安全的突出问题是巨额非法集资案件多年持续频发，投资理财、P2P网络借贷、农民专业合作社、房地产、私募股权投资等成为重灾区。2017年，以非法集资犯罪为案由的裁判文书为5782份，与2016年基本持平，比2015年增长了138%。2017年，十大非法集资案件涉及非法吸收资金1000多亿元。截至2018年1月底，中国私募基金规模达11.76万亿元，其中打着私募理财基金的幌子行集资诈骗之事的案件频频发生。

此外，多年来房地产金融化，房地产成了投机投资品，炒房推高了房价迅猛上涨，给金融安全带来了严重风险。2013年至2017年，一二三四线的不同城市房价都快速上涨，房地产上涨的速度比家庭居民收入增长的速度快，群众的住房支付能力相对较弱，相当大比例的居民家庭负债率不断升高。更严重的是，新增储蓄资源一半左右投入了房地产领域。房地产业过度融资，购房者长周期高额贷款，增加了金融风险。

三是食药安全问题。食品药品安全事关公众生命健康安全。在民营经济、个体经济活跃，释放市场活力的同时，食品药品生产销售领域不法经营和违法犯罪活动频发，危害了公众健康。除了庞氏母女案、长春长生问题疫苗案，2012年至2016年6月，全国法院一审收案的食品安全类犯罪案件共计16899件，其中生产销售有毒有害食品罪案件数量最大，达10735件，占案件总数的63.52%；生产销售不符合安全标准的食品罪案件6065件，占案件总数的35.88%。2016年，公安部在食品药品打假"利剑"行动中，共破获食品犯罪案件1.2万起、药品犯罪案件8500起，公安部挂牌督办的350余起案件全部告破，铲除了一批制假售假的黑工厂、黑作坊、黑窝点、黑市场，摧毁了一批制假售假的犯罪网络。网络经济、电商平台的发展，一方面带来了商品流通、购销两旺的极大便利，另一方面也使"三无"（无营业执照、无食品流通许可证、无食品生产许可证）食品营销在网络平台监管缺失情况下有了可乘之机。

四是防灾安全问题。在全球工业化和经济发展大量增排温室气体造成全球气候总体变暖的背景下，出现了自然灾害频发，经济发展、生活改善与防灾减灾安全之间不平衡的矛盾。2013 年，我国平均气温比常年偏高 0.6 ℃，为 1961 年以来第四暖年。2014 年，我国平均气温较常年偏高 0.5 ℃，为 1961 年以来第六暖年。2015 年，我国平均气温较常年偏高近 1 ℃，为 1961 年以来最暖的一年。2016 年全国平均高温日数为 1961 年以来第二多。2017 年全国 31 个省区市气温为 1951 年以来第三高。大范围极端高温日持续出现，不仅给城市供水供电安全、生产和交通安全带来严峻挑战，也给广大农村地区造成旱灾。气候变化也造成暴雨洪涝灾害加重。2014 年至 2016 年间，我国因暴雨洪涝灾害致使农作物受灾近 3.2 亿亩，受灾人口逾 2.5 亿，因灾死亡失踪 977 人，倒塌房屋 84.2 万间，直接经济损失 6896 亿元。

其四，在生态环境方面，存在经济快速发展与自然资源生态环境保护不平衡，生态文明建设发展不充分等矛盾。

一是我国耕地、水资源、能源等基本自然资源的有限性与粗放式经济发展的矛盾日益尖锐化。从耕地资源看，我国约占世界 20% 的人口，却只有世界 7% 的可耕地。2015 年，全国耕地因建设用地、生态退耕、自然灾害等原因，年内净减少面积 99 万亩，人均耕地 1.47 亩。从水资源看，我国淡水资源仅占全球的 6%，人均水资源量仅为世界人均的四分之一，不到国际水紧缺指标的一半。在缺水的同时，由于经济发展和人口的增加，用水量不断增加，2006 年至 2016 年有 50 多个城市因过多抽取地下水而造成地面下沉。从能源资源看，我国人均占有常规能源——煤炭、石油、天然气的储量分别是世界人均占有量的 60%、10%、5%。至 2016 年，我国石油、天然气对外依存度分别超出 60%、40%，成为全球最大原油进口国。

二是我国土地、森林、草原、湿地、河湖、物种多样性等生态系统退化严重，生态环境总体脆弱，生态安全形势严峻。我国土地生态系统退化严重。至2016年，我国荒漠化石漠化、沙化土地面积分别占国土面积的20%、17.9%。还有31万平方公里土地有明显沙化趋势。至2015年，我国受荒漠化影响的人口逾4亿，每年增加经济损失达540多亿元。2003年至2013年十年间，由于围垦、基建、气候变化等因素，我国具有调蓄洪涝、净化水质和保持生物物种多样性的湿地面积缩减约9%，接近于海南岛的面积。我国生物多样性加速下降的形势严峻。2016年，对全国34450种高等植物的评估结果显示，受威胁的高等植物有3767种，约占评估物种总数的10.9%；属于近危等级的有2723种。对全国4357种已知脊椎动物（除海洋鱼类）受威胁状况的评估结果显示，受威胁的脊椎动物有932种，约占评估物种总数的21.4%；属于近危等级的有598种。

三是我国大气、水质、土壤污染亟须加快从严治理形势严峻。2017年前，我国部分城市灰霾现象已经凸显。2013年至2017年，在气候变暖的背景下，秋冬季频频出现静风多雾天气，钢铁、水泥、玻璃、化工、机械、煤电等重工业仍大量投产，北方冬季以燃煤为主的取暖方式，燃油汽车尤其是私家车的大发展，农田秸秆焚烧，造成了我国大范围持续严重的灰霾。2015年、2016年、2017年，全国338个地级及以上城市环境空气质量超标的分别占78.4%、75.1%、70.7%。我国水污染治理虽然取得一定成效，但仍未达到人民对实现"水更清"目标的期望。2013年至2017年，我国十大流域地表水中劣V类和IV类水质比例在19.3%至26.7%之间，劣V类水质比例在8.4%至9%之间；全国地下水水质监测点中，较差级水质比例在42.5%至51.8%之间，极差级在14.7%至18.8%之间。部分城市河道黑臭现象严重。至2016年，30个大城市约73%的集水区遭到中度到重度污染。

其五，在绿色能源发展方面，我国能源结构与低碳发展目标之间存在较大差距。

在能源结构方面，2017 年，我国能源消费总量比 2016 年上升 2.9%，其中，煤炭消费量上升 0.4%，煤炭消费量占能源消费总量的 60.4%。从煤在电力生产中所占比例看，世界平均水平为 40%，中国为 65%。由于能源结构中传统高碳能源比重大，2014 年，我国二氧化碳排放量为 97.6 亿吨，占全球排放量的 27%，已超过美国和欧盟总排放量（97 亿吨），成为全球二氧化碳排放量最大的国家。2016 年，我国二氧化碳平均浓度为 404.4 ppm（百万分之），高于全球平均水平的 403.3 ppm。

在新兴绿色能源产业开发与应用方面，我国可再生清洁能源产业在政府优惠政策的扶持下发展迅速。2015 年，我国拥有全球三分之二的太阳能电池板产能，光伏发电装机容量居世界第一。但从光伏发电装机容量在全国发电总装机容量中的比重看，仅占 2.8%。2016 年，我国风力发电总装机容量几乎相当于美国的两倍，全世界三分之一风力发电机位于我国。但风电占全国总发电装机容量的比重仍很小，仅占 8.6%。由于并网障碍，2016 年，约有 17% 的风电和 20% 的光电被浪费。2016 年，我国能源消费结构中，清洁可再生能源仅约占 11%，季节性大气污染仍很严重，与美国经济趋势基金会主席、社会批评家杰里米·里夫金（Jeremy Rifkin）所说的以"后碳时代"可再生能源普及利用为标志的"第三次工业革命"要求，仍有很大差距。

其六，在公共资源分配方面，存在教育、医疗卫生资源配置不平衡等矛盾。

在大中城市优质教育资源分布和配置方面，一些特大城市为疏解中心城周密人口而在原郊区建起的新城镇，居住人口增长到十几万至几十万，但优质中小学教育资源相对不足。由此导致中心城区和紧邻中心城区的重点中小学以及优质幼儿园所在区域的"学区房"价格越炒越高，学区房的畸形发展，使享有优质义务教育变异为"拼房子""拼经济"，背离了国家实现义务教育均衡、公平发展的目标。

在医疗卫生资源配置方面，发展不平衡的现象不仅存在于城乡之间，也存在于大城市尤其是特大城市中心城区与由原市郊发展而来的新城区新城镇之间。2012年至2017年，大城市的新城区新城镇房地产开发加快，企业数量增加，居民数量增长迅速。但是，优质医疗卫生资源仍然集中在中心城区，新城区新城镇医疗机构的规模与居民人口增长规模不匹配，尤其缺乏优质医疗人才资源的平衡配置。同时，城市医疗卫生系统内部医院、康复院、护理医院三种机构的分类配置不平衡，不能满足人民群众对康复、护理的特殊需要。

其七，在民生方面，我国进入老龄化社会，老年群体人口众多，养老服务事业发展很不充分。

2016年，我国65岁以上人口已达到1.49亿人，几乎是英国和德国两国人口总和，65岁以上人群占总人口比例为10.3%，超过联合国制定的65岁及以上老人占总人口的7%地区即为进入老龄化社会的标准。我国老龄人口增速也常年远超人口增速。2016年，我国65岁以上人口增速为3.5%，较2015年增长了约500万，而总人口在2016年增速仅为0.59%。老龄化社会对养老资金和养老服务的需要日益增长。养老机构、老年医护、老年服务资源发展不充分问题日益突出。即使实行"90%居家养老、6%—7%社区养老、3%—4%机构养老"方略，从事这三类养老方式的专业化、规范化的护理服务人员和管理人员数量，仍有较大缺口。养老机构，无论是中低端、中高端还是高端客户月收费部分依然较高。

其八，经济发展与政治建设、党风建设不平衡，部分干部违纪违法问题突出。

在市场经济大发展、放开搞活经济的环境中，各类市场主体的自主性更强、灵活性更多、活动空间更大，利益分配、财富支配呈多元化格局，讲求交易的价值观渗透到社会的方方面面。其消极影响使以权谋私、权钱交易、索贿受贿、贪污腐败的丑恶风气在部分干部中弥漫开来。党的十八大以后党中央出台反对和整顿形式主义、官僚主义、享乐主义、奢靡之风的"八项规定""六项禁令"等党纪政纪，并且加大依法严惩处腐败的力度。2013 年，全国违纪违法立案 17.2 万件，被党纪政纪处分的有 18.2 万人。2014 年，立案 5.3 万件，被处分的有 2.36 万人，其中被查处的纪检监察干部 1575 人违法违纪。2015 年，立案 8 万件，被处分的有 3.39 万人，其中，37 名中管干部被查处，40 多名中管干部因严重违纪被开除党籍。2016 年，立案 36 多万件，被处分的有 33.7 多万人。2017 年前 9 个月，全国纪检监察机关立案 38.3 万件，处分 33.8 万人，其中省部级及以上干部 56 人，厅局级干部 2300 余人，县处级干部 1.4 万人，乡科级干部 5.1 万人，一般干部 6.3 万人，农村、企业等其他人员 20.8 万人。从十八大到十九大召开前，被查处的十八届中共中央委员、候补委员 43 人，中央纪委委员 9 人。

二、社会主要矛盾转化的科学论断及解决方略的形成过程

如上所述，中国特色社会主义新发展阶段社会主要矛盾转化，不是在党的十九大召开前的短时间内突现的，而是经历了从十八大以来渐进性量变到质变的过程。从更深的历史发展脉络看，人民对美好生活质量不断增长的需要与经济、政治、文化、社会、生态文明五大领域发展不平衡不充分的矛盾，从十四大以后出现了渐进性的积累和发展，从十六大到十八大党中央逐渐认识到这种矛盾的渐进性变化，并逐步形成针对发展不平衡不充分矛盾的治国方略。回顾这个历史过程，可以清晰地认识到十九大提出新发展阶段我国社会主要矛盾转

化的科学论断以及解决矛盾的方略具有历史发展的逻辑必然性。

(一) 改革开放初期对以经济建设为中心的重视

鉴于历史经验，改革开放初期紧紧抓住经济建设这个中心工作不动摇，把大力发展社会生产力作为解决一切社会矛盾的根本物质基础。党的十一届三中全会召开后，我国面临的最紧迫最重大的任务就是要摆脱贫穷、走向富裕，这是党心所向、民心所向。党和人民汲取最深刻的历史教训，就是从 1957 年以后至 "文化大革命" 结束的 20 年间，在 "左" 的思想指导下，改变了八大对于我国社会主义阶段社会主要矛盾的科学判断，把阶级矛盾、阶级斗争看作社会的主要矛盾，一场又一场的政治运动连续不断，"阶级斗争" "路线斗争" 不断冲击经济建设和文化建设，没有始终把注意力集中在发展生产力，没有始终坚持把经济建设作为党和国家的中心工作，没有始终把人民生活富裕作为一切工作的根本目标，也没有始终把发展先进生产力所必须的、包含先进科学技术在内的文化建设放在不可动摇的关键地位。社会主要矛盾的错误判断，使本来就是在一穷二白基础上建立起来的、处于很不发达状态的社会主义国家，在 20 多年时间里丧失了经济发展、人民富裕、国家富强的历史机遇。

痛定思痛，党的十一届三中全会决心把全党全国工作的重点转移到社会主义现代化建设上来，将 "在生产迅速发展的基础上显著地改善人民生活" 作为中心工作的总要求。从十三大到十五大，根据 "我们在现阶段所面临的主要矛盾是人民日益增长的物质文化需要同落后的社会生产之间的矛盾" 这个科学判断，党中央反复强调：在初级阶段，为了摆脱贫穷和落后，要坚定不移地把发展生产力摆在首要位置，作为全部工作的中心；是否有利于发展生产力，应当成为我们考虑一切问题的出发点和检验一切工作的根本标准；必须把经济建设作为全党全国工作的中心，各项工作都要服从和服务于这个中心，而不能离开这个中心，更不能干扰这个中心；除非发生大规模外敌入侵，无论什么情况下都不能动摇这个中心；只有牢牢抓住这个主要矛盾和工作中心，才能清醒地观察和把握社会矛盾的全局，有效地促进各种社会矛盾的解决。如果生产力不发展，社会主义制度的巩固和长治久安就会遇到极大的困难，社会主义优越性就会丧失最根本的经济源泉。

把解放和发展生产力作为建设社会主义的根本出发点和根本任务，符合马克思创立的历史唯物主义基本原理。历史唯物主义认为，物质生活资料生产是人类社会最基本的活动，是人类社会生存的基础，物质生活资料生产的状况决定整个社会的面貌；由生产力和生产关系构成的生产方式，是一切社会发展和变革的最后决定力量；在生产方式构成中，生产力是最活动最革命的因素，是生产方式中起决定作用的因素，生产关系必须适应于生产力的状况，生产才能顺利发展。

新中国是在半殖民地半封建的落后农业国的基础上，没有经过西方资本主义国家生产力高度发展的阶段，只经历新民主主义革命胜利后很短暂的过渡时期，快速建立起社会主义经济制度，社会生产力落后是最明显的基本国情。据此，党的八大对我国社会主要矛盾作出了正确判断，并从社会基本矛盾层面指出：这一矛盾的实质，也就是先进的社会主义制度同落后的社会生产力之间的矛盾。解决这个矛盾的基本方略，应该是一方面大力发展生产力，另一方面努力探索和建立适合我国生产力发展特殊状况的社会主义生产关系和经济制度。由于在"左"的思想指导下，脱离了我国生产力发展的现实状况，脱离了社会主义初建阶段人们思想觉悟现实状况，主观设想人人劳动自觉性都可能提高到共产主义水平，急于建立起社会主义高级阶段甚至是共产主义阶段的生产关系，严重阻碍、束缚甚至破坏了生产力的顺利发展。在相当长的时间内，把"生产力是生产方式中起决定作用的因素""发展生产力是社会主义的根本任务"的正确观点，视为"唯生产力论"，把符合社会主义阶段按劳分配原则、提高劳动者积极性的激励机制，视为"物质刺激""奖金挂帅"，把党内同志提出的适合生产力发展现实状况的生产关系调整主张，视为"修正主义路线""复辟资本主义"。

鉴于历史经验，我国改革事业首先是从着重于改革长期在"左"的指导思想下形成的束缚现实生产力发展的生产关系、经济体制开始的。改变单一公有制为以公有制为主体，包括私营经济、股份制经济在内的多种经济成分的所有制结构，改变高度集中的计划经济体制为市场经济体制，改变平均主义"吃大锅饭"分配体制为按劳分配为主体、多种分配方式并存的分配制度，使社会生产力挣脱了受僵化体制束缚的羁绊，极大地调动了企业和劳动者的积极性、主动性、创造性，整个社会释放出极大的经济活力。从党的十一届三中全会召开后的 1979 年至十八大召开的 2012 年间，中国经济出现了世界上罕见的高速增长奇迹，年均国内生产总值增长率达到 9.62%。

（二）党的十四大开始注意到发展不全面不平衡的问题

社会物质生产力的发展，以及适应这种发展的生产关系改革，固然是推动整个社会进步的基础和原动力。国内生产总值等经济指标，固然是衡量国家发展水平的重要尺度。但是，生产力的发展和生产关系的改革，是不能脱离上层建筑领域政治建设和文化建设孤立地进行的，社会进步也绝不是单由经济发展指标来衡量的。党的十四大已意识到这个问题，提出"集中精力把经济建设搞上去。同时，要围绕经济建设这个中心，加强社会主义民主法制和精神文明建设，促进社会全面进步"。十四大关切社会建设领域民生问题，尤其是人民群众最为关心的住有所居、劳有所得、老有所养、病有所医问题，要求推进城镇住房制度改革，推进社会保障制度的改革，积极建立待业、养老、医疗等社会保障制度。十四大以后，江泽民在谈论经济与政治、经济发展与其他事业发展关系时，一方面强调：经济是基础，一切政治归根到底都是为经济服务。一个国家不搞好经济，不致力于改善人民生活，是难以稳定的。[1] 解决中国的所有问题，归根到底要靠经济的发展。从这个意义上说，集中力量把经济搞上去，实现中国的现代化，本身就是最大的政治。另一方面他又提醒：如果认为以经济建设为中心，就可以忽视其他方面的工作，或者认为经济搞上去了，其他事业就会自然而然地上去了，那就不对了；[2] 没有各方面的工作来保证和服务，经济建设的中心地位就很难巩固住。比如说，如果社会秩序、社会治安状况不好，人民群众缺乏安全感，怎么能集中精力搞经济建设呢？[3] 针对市场经济转型初期出现的一些无序乱象，他指出："一个比较成熟的市场经济，必然要求并具有比较完备的法制。"[4] 他在讲实施八千万农村贫困人口脱贫计划时指出，贫困人口绝大多数分布在自然环境恶劣、生态环境恶化的地区，治理和改善生态环境，是脱贫的根本大计。[5] 这表明，以经济建设为中心，促进社会全面进步，必须充分考虑到人民对于法治、安全、社会保障和生态改善的需要。

在以经济建设为中心、实行市场经济转型的环境下，社会上一度风行经商热，拜金主义、唯利是图的价值观蔓延；原有计划经济体制下国家财政支撑的公益性文化事业单位陷入难以生存的困境。文化事业完全商业化、市场化运营，就会偏离了精神文明建设的轨道。重经济、轻政治使腐败现象严重侵蚀一些党和国家机关的肌体，以权谋私、权钱交易、贪污受贿等现象已经成为公害，大案要案呈上升趋势；用公款吃喝、送礼，用公费旅游屡禁不止；讲排场、比阔气、奢侈浪费之风愈演愈烈；乱摊派、乱收费、乱罚款问题相当严重；有的领导干部道德败坏、腐化堕落。在用人问题上，任人唯亲、以我划线，凭个人好

[1]《江泽民文选》第1卷，人民出版社2006年版，第332页。
[2] 同上书，第514—515页。
[3] 同上书，第256页。
[4] 同上书，第511页。
[5] 同上书，第553页。

恶用干部，甚至培植个人势力。[1] 同时，官僚主义、形式主义以及虚报浮夸、华而不实等不正之风在党内有所发展。为此，在毫不动摇坚持以经济建设为中心的同时，如果放松政治建设和党风建设、文化建设和精神文明建设并使之成为短板，势必使发展片面化、畸形化，最终丧失经济建设所必需的社会稳定的前提条件。为此，党的十五大开始明确提出，经济建设、政治建设、文化建设有着不可分割的有机统一关系，围绕经济建设这个中心，同时推进经济体制改革、政治体制改革和精神文明建设。

（三）党的十六大形成"三位一体"发展总体布局

2002 年，党的十六大召开时，我国国内生产总值已经超过 9.6 亿元人民币，比 1989 年翻了两番，人均国民生产总值逼近 1000 美元大关，实现了现代化建设"三步走"战略的第二步目标，人民生活总体上达到小康水平。在这个成就面前，十六大特别提醒全党全国人民："现在达到的小康还是低水平的、不全面的、发展很不平衡的小康。"首次鲜明地指出了"发展的不全面、不平衡"问题。十六大总结建设中国特色社会主义必须坚持的基本经验之一是："在经济发展的基础上，促进社会全面进步，不断提高人民生活水平，保证人民共享发展成果。"首次提出经济发展与"全面进步""共享发展"的统一关系。十六大"确立的全面建设小康社会的目标，是中国特色社会主义经济、政治、文化全面发展的目标"。由此，从以经济建设为中心的战略格局转变为经济建设、政治建设、文化建设"三位一体"的总体布局，以解决发展不全面、不平衡的矛盾。

2003 年上半年，我国发生了"非典"疫情，给一些地区和行业经济发展带来严重影响，尤其是旅游、民航、客运、商贸、餐饮业受到的影响比较大，中小企业受冲击更为严重，也给就业、增加农民收入等工作带来了新的困难。虽

---

[1]　参见《胡锦涛文选》第 1 卷，人民出版社 2016 年版，第 73 页。

然抗击"非典"斗争取得了重大胜利，但对"非典"的病原病因和传播途径还不完全清楚，诊断和治疗上也还没有特别有效的手段。党中央和胡锦涛高度重视疫情防控工作，告诫全国人民：人类传染病史表明，任何重大传染病，都不会在一次发作后就销声匿迹，如果不加强防范，必然会再次发生，甚至反复发生。"非典"疫情暴露出我们在把注意力集中在经济发展的时候，忽略了公共卫生建设、应对重大社会突发事件的应急机制建设，暴露出社会管理体制建设的短板，暴露出经济建设与社会建设不平衡的问题。当年7月，胡锦涛在全国防治非典工作会议上的讲话，提出了"把促进经济社会协调发展摆到更加突出的位置"的新要求。他以重大疫情防控事件举一反三，提出了加强社会管理体制建设和创新的任务，要求抓紧建立健全包括应对突发卫生事件、重大自然灾害、重人社会突发事件在内的各种应急机制，建立健全能够成功应对突发事件的全社会动员机制。他要求各级政府改善公共服务质量，抓紧建设处理新形势下人民内部矛盾和各种社会矛盾的有效机制、社会治安综合治理机制、城乡社区管理机制等。[1] 胡锦涛在这次讲话中，从重大疫情防控引申到社会建设问题，进而引申到如何科学地理解"发展"的问题。他指出："发展绝不只是指经济增长，而是要坚持以经济建设为中心，在经济发展的基础上实现社会全面发展。我们要更好坚持全面发展、协调发展、可持续发展的发展观"；"在促进发展的进程中，我们不仅要关注经济指标，而且要关注人文指标、资源指标、环境指标；不仅要增加促进经济增长的投入，而且要增加促进社会发展的投入，增加保护资源和环境的投入"。[2] 他还指出："要坚持抓好经济建设这个中心，同时又要切实防止片面性和单打一。"[3]

---

[1]《胡锦涛文选》第2卷，人民出版社2016年版，第70—71页。
[2] 同上书，第67页。
[3] 同上书，第168页。

(四) 从科学发展观到党的十七大形成"四位一体"发展总体布局

依据我国建设小康社会还处于"不全面、发展不平衡"的现状，按照党的十六大提出"在经济发展的基础上，促进社会全面进步"的总要求，胡锦涛在党的十六届三中全会二次会议上，正式提出了"全面发展、协调发展、可持续发展的科学发展观"。[1] 2004年3月，胡锦涛在中央人口资源工作座谈会上的讲话，对于"准确把握科学发展观的深刻内涵和基本要求"作了重要阐述。他鲜明地提出：坚持以人为本、全面协调可持续的发展观，是从新世纪新阶段党和国家事业发展全局出发提出的重大战略问题。[2] 科学发展观实际上已经触及了发展不平衡、不充分的问题：全面发展就是要解决经济、政治、文化建设缺协同、不平衡的问题，协调发展就是要解决城乡发展、区域发展、经济社会发展缺统筹、不平衡的问题，可持续发展就是要解决经济发展与自然资源生态环境失平衡、人与自然不和谐的问题。

党中央在推进经济、政治、文化建设协调平衡发展的同时，关注到了以改善民生、加强社会治理、化解社会矛盾为重心的社会建设发展不平衡、不充分的问题。如，需要实行农村税费改革，积极开拓农民增收渠道和途径；需要落实被征地农民社会保障政策；需要加快解决关闭破产企业、困难企业职工和退休人员医疗保障问题；需要扩大最低生活保障制度和医疗救助制度保障范围，完善失业保险制度，完善城乡社会救助制度，提高城乡低保、农村五保、医疗救助等待遇水平；需要改进居民收入在国民收入分配中的比重偏低、劳动报酬在初次分配中的比重偏低、城乡居民和不同社会群体收入差距存在着扩大趋势的问题；需要对大量农村留守儿童、留守妇女、留守老人建立关爱服务体系；需要解决城镇住房拆迁、医患纠纷等引发的社会矛盾冲突；需要治理和打击社

---

[1]《胡锦涛文选》第2卷，人民出版社2016年版，第104页。
[2] 同上书，第166页。

会上腐败现象和各类严重犯罪活动等。

社会事业、社会建设发展不平衡、不充分，势必引发许多社会矛盾，影响社会和谐稳定。2004年9月，党的十六届四中全会提出，加强党的执政能力建设的一项主要内容是"提高构建社会主义和谐社会能力"。2005年2月，胡锦涛在省部级主要领导干部提高构建社会主义和谐社会能力专题研讨班上讲话中首次提出："随着我国经济社会不断发展，中国特色社会主义事业总体布局更加明确地由社会主义经济建设、政治建设、文化建设三位一体发展为社会主义经济建设、政治建设、文化建设、社会建设四位一体。"[1] 2006年，十六届六中全会通过了《关于构建社会主义和谐社会若干重大问题的决定》，把"四位一体"协调发展，作为构建和谐社会指导思想的重要内容。2007年召开的十七大明确提出，在全面建设小康社会的新发展阶段，以科学发展观为指导，"按照中国特色社会主义事业总体布局，全面推进经济建设、政治建设、文化建设、社会建设"。

"四位一体"总体布局，构建和谐社会，反映出在新的发展阶段，人民不仅在物质和文化方面的需要继续增长，而且对社会公平正义的需要、对社会诚信守法的需要、对社会安全治理的需要不断增长。公平正义是社会生活中协调各种利益关系、化解各种矛盾、实现社会和谐的基本条件，诚信守法、社会安全是实现社会和谐的基本保障。十七大以后，我国社会生活总体上安定有序，但由于社会管理体制机制还存在短板，因各种社会矛盾引发的群体性事件已经成为影响社会和谐稳定的突出问题。这些社会矛盾主要集中在农村土地征用、城镇房屋拆迁、国有企业改制、涉法涉诉等领域，因劳资纠纷、医患纠纷、环境污染、非法集资、股市房市投资受损等引发的矛盾明显增多。一些非公有制经

---

[1]《胡锦涛文选》第2卷，人民出版社2016年版，第274页。

济组织片面追求经济效益，忽视员工合法权益，致使停工、聚集、上访事件接连发生。由于社会安全治理存在短板，侵财犯罪、经济犯罪增长尤为突出，利用网络技术、现代仿真等高技术手段实施的新型犯罪增多，非法集资、传销等涉众型犯罪侵害面广；食品药品安全问题突出，假大米、假酒、假药等时有出现。[1] 一些行业企业背离了以人为本的发展理念，重产值、轻人命，安全生产投资和监管严重缺位，安全事故严重。如，全国煤矿行业在 2000 年至 2011 年间，因安全事故造成年均矿难死亡人数达 4620 人，令人触目惊心。

（五）党的十八大确立"五位一体"总体布局

党的十七大以来，广大民众不但对公平正义、民主法治、安全治理的需要不断增长，而且对改善生态环境的需要也不断增长。自改革开放以来我国进入以经济建设为中心的现代化征程至 2012 年党的十八大召开，国内生产总值年均增长率为 9.6% 以上，经济高速发展的同时，也在自然资源和生态环境方面付出了巨大代价。我国经济进一步发展受到资源环境的约束越来越紧。生态系统退化严重，全国水土流失面积占国土面积的 37%，沙化土地面积占 18%，90% 以上的草原不同程度退化，地面沉陷面积扩大，生态系统破坏带来的自然灾害频发。自然资源紧缺，全国年均缺水量 536 亿立方米，三分之二的城市缺水，耕地已近 18 亿亩红线。我国石油对外依存度上升到 56.7%，重要矿产资源对外依存度也在迅速上升。环境污染突出，环境状况总体恶化趋势未得到根本遏制，一些重点流域水污染严重，部分城市灰霾现象凸显。[2] 一些地区人民群众喝不到干净的水、呼吸不到清洁的空气、吃不到放心的食物，由此引发环境群体性事件增多。在物质生活条件日益丰足的阶段，清洁的水、新鲜的空气、优美的环境却日益成为一部分人生活的稀缺资源，人民群众对良好生态环境和生态产

［1］ 参见《胡锦涛文选》第 3 卷，人民出版社 2016 年版，第 491—493 页。
［2］ 同上书，第 609—610 页。

品的需求越来越迫切强烈。为此，2012 年召开的党的十八大，把生态文明建设提到前所未有的高度，确立经济建设、政治建设、文化建设、社会建设、生态文明建设"五位一体"总体布局，要求把生态文明建设融入经济建设、政治建设、文化建设、社会建设各方面和全过程，提出"努力建设美丽中国"的新目标。

以上回顾的发展历史，可以梳理出我国社会主要矛盾转化的历史成因和渐进性积累和发展的脉络，可以理解党的十六大、十七大、十八大报告起草过程中曾有同志提议修改我国社会主要矛盾的表述的缘由，可以看出十九大提出新发展阶段我国社会主要矛盾转化的科学论断以及解决矛盾的方略具有历史发展的逻辑必然性。

第四章

新发展阶段社会主要矛盾转化的解决方略及其学理新意

当前我国发展进入到新的历史方位，中国特色社会主义进入了新时代。这个新时代也就是整个社会主义初级阶段的一个新的发展阶段。这个新发展阶段的主要特征是，即将全面建成小康社会、进而全面建设社会主义现代化强国，实现全体人民共同富裕，实现中华民族伟大复兴的目标。在这个新发展阶段，我国社会主要矛盾已经转化为人民日益增长的美好生活需要和不平衡不充分的发展之间的矛盾。而人民日益增长的美好生活需要，不仅对物质文化生活提出了更高要求，而且在民主、法治、公平、正义、安全、环境等方面的要求日益增长。由于我国社会生产力水平总体上显著提高，社会生产能力在很多方面进入世界前列，更加突出的问题是发展不平衡不充分。发展不平衡不充分已经成为满足人民日益增长的美好生活需要的主要制约因素。新发展阶段我国社会主要矛盾的变化是关系全局的历史性变化，对党和国家工作提出了新要求、新方向，就是要着力解决好发展不平衡不充分问题，实质上也就是要更好满足人民在经济、政治、文化、社会、生态文明等方面日益增长的需要，更好推动人的全面发展、社会全面进步。

党的十九大关于新发展阶段我国社会主要矛盾转化的科学论断和习近平总书记关于解决新发展阶段社会主要矛盾的思想与方略，具有丰富的科学内涵和理论原创性。

一、"发展全过程人民民主"的新理念

"当前，人民群众对美好生活的向往更多向民主、法治、公平、正义、安全等方面延伸。"[1] 这是习近平总书记多次强调的新发展阶段社会主要矛盾转化的新特征。如果说党的十九大以前关于社会主要矛盾的论断主要着重于生产力层面的现代化发展要求，那么十九大关于新发展阶段社会主要矛盾转化的新论断，则把现代化要求从生产力层面，全面提升到民主法治、公平正义、国家总体安全等上层建筑层面，提升到 21 世纪中叶实现国家治理体系和治理能力现代化目标的层面。

基于新发展阶段社会主要矛盾转化的科学论断，回应人民群众对民主政治能够更加充分"体现人民意志、保障人民权益、激发人民创造活力"的需要，党的十九大提出了"健全民主制度，丰富民主形式，拓宽民主渠道，保证人民当家作主落实到国家政治生活和社会生活之中"的新方略，十九大后，习近平总书记提出了"发展全过程人民民主"的新理念、新要求。

（一）"发展全过程人民民主"的基本内涵及其体现的宪法精神

"我们走的是一条中国特色社会主义政治发展道路，人民民主是一种全过程的民主。"这是 2019 年 11 月 3 日习近平总书记考察作为全国人大常委会基层立法联系点之一的上海市长宁区虹桥街道时提出的重要新理念。

"发展全过程人民民主"，这是习近平总书记在庆祝中国共产党成立一百周年大会上讲话强调的新要求。这一新理念、新要求，包含民主选举、民主协商、民主立法、民主决策、民主管理、民主监督六个基本环节。

长期以来，普通民众和一般干部的民主政治概念主要是指民主选举。而基层人民群众直接参加民主选举的范围限于县级行政区域、社区乡村基层群众性

---

[1] 习近平：《论坚持全面依法治国》，中央文献出版社 2020 年版，第 259 页。

自治组织。对于立法，普通民众和一般干部通常认为这是国家和省级人大政协的事、法学专家的事。政府决策、社会管理，通常被认为是党政领导干部的事，"管"出自"官"，只有官管民，没有民管官。政务监督、干部监督，通常被认为是纪检监察部门的事、公安检察部门的事。由于中国历史上经历漫长的封建主义专制社会制度，由官为民做主的封建文化意识仍遗留在相当一些民众和干部思想中，缺乏人民当家作主、参与全过程民主的意识。而在现实社会生活中，正是在践行"全过程人民民主"理念方面存在不平衡不充分问题，在实行民主的"全过程"中还存在着"缺环""掉链"现象，引发了人民群众不满意的一系列社会矛盾。

比如，选拔和任用干部，在民主程序不完善、走程序不完整的情况下，群众缺乏知情权、选择权，就会出现任人唯亲、任人唯利、任人唯圈的问题，出现提拔重用德才不达标甚至长期带病的干部的问题。立法过程在缺乏人民充分参与的情况下，未充分征询人民群众的意见和建议，法律就不能充分体现最广大人民群众的正当权益，就会有违社会公平正义。政府决策过程如若缺乏人民充分参与，不广泛倾听民意、吸取民智，就会造成决策重大失误，造成经济、民生、安全、生态等方面的重大损失，引起社会生活不稳定。政府管理和社会管理缺乏人民群众的充分参与，缺乏听取民众合理意见、积极建议和正确批评，就会出现主观主义、官僚主义、形式主义、行政效率低下的问题，出现"门难进，脸难看，事难办"的丑恶衙门作风。党政部门缺乏人民群众民主监督，就会使庸政懒政、不作为、懒作为、乱作为的不正之风蔓延，难以从苗头状态遏制和克服干部公器私用、以权谋私、贪赃枉法、享乐奢靡等消极腐败问题。

习近平总书记"全过程人民民主"的理念体现了"中华人民共和国的一切权力属于人民"的宪法精神，体现了执政党忠实履行宪法的庄严承诺。2014年9月5日，习近平总书记在庆祝全国人民代表大会成立六十周年大会上的讲话，就表达了"全过程人民民主"的基本内涵:"我们要坚持国家一切权力属于人民,既保证人民依法实行民主选举,也保证人民依法实行民主决策、民主管理、民主监督,切实防止出现选举时漫天许诺、选举后无人过问的现象。"[1] 只有实行"全过程人民民主",才能真正尊重人民主体地位,保证人民当家作主,保证人民广泛参加国家治理和社会治理。

(二)"全面推进政务公开"是实行"全过程人民民主"的重要途径

保证人民广泛参加国家治理和社会治理,实行民主决策、民主管理、民主监督,很重要的措施和途径,就是习近平总书记提出的"全面推进政务公开"。政务公开包括:"决策公开、执行公开、管理公开、服务公开、结果公开,重点推进财政预算、公共资源配置、重大建设项目批准和实施、社会公益事业建设等领域的政府信息公开。"[2] 那么,如何理解政务公开的"全面"概念?"全面"是否等于"全部"?党的十八届四中全会明确:"全面推进政务公开,坚持以公开为常态、不公开为例外原则。"

"全面推进政务公开",体现了人民民主的社会主义国家制度的根本性质。建立"人民民主国家"是我们党在新民主主义革命时期为之奋斗的目标。早在抗战时期,毛泽东在论中国革命的前途问题时就提出建立"民主共和国"的目标。[3] 他在《新民主主义论》中指出"现在所要建立的中华民主共和国","就是新民主主义的共和国"。[4] 1948 年 1 月,毛泽东在论新民主主义政权问题时提出"人民大众组成自己的国家"即是"中华人民共和国"。[5] 同年 5 月,毛泽东在晋绥干部会议上的讲话、同年 7 月中共中央《致解放区工人代表大会祝

---

[1] 习近平:《论坚持全面依法治国》,中央文献出版社 2020 年版,第 82 页。
[2] 同上书,第 97—98 页。
[3] 《毛泽东选集》第 2 卷,人民出版社 1966 年版,第 613 页。
[4] 同上书,第 635 页。
[5] 《毛泽东选集》第 4 卷,人民出版社 1966 年版,第 1215 页。

词》，都提出建立"中华人民民主共和国"的目标。新中国成立前夕召开的新政协会议，在讨论"中华人民民主共和国"的国号时，一些知名人士认为西文中的"民主"（Democracy）与"共和"（Republic）的含义无根本区别。事实上，从词义看，Republic 的词干 public，是"公共""公众""公开"的意思。public 前面加 Re，是对 public "公共""公众""公开"意思的反复强调。这表明 Republic 含有民主的意义。周恩来在新政协会议的报告中指出，"民主"与"共和"有共同的意思，无需重复；在国体上是用共和，在性质上则用民主；作为国家来用，还是"共和"两字比较好。[1] 可见，中华人民共和国的国号鲜明体现了人民当家作主、政务向人民公开透明的国家根本制度的特性。

政务公开中，决策公开是民主立法的重要环节。2013 年，习近平总书记在中央政治局集体学习时提出："要完善立法工作机制和程序，扩大公众有序参与，充分听取各方面意见，使法律准确反映经济社会发展要求，更好协调利益关系。"[2] 2014 年 10 月，党的十八届四中全会通过的《关于全面推进依法治国若干重大问题的决定》在民主立法方面，提出"完善立法项目征集和论证制度"，"拓宽公民有序参与立法途径"的新要求。习近平总书记在对这个决定作说明时指出："推进科学立法、民主立法，是提高立法质量的根本途径。""民主立法的核心在于为了人民，依靠人民。"他要求"创新公众参与立法方式"，"完善公众参与政府立法机制"。[3] 2019 年 11 月，习近平总书记在上海市长宁区虹桥街道古北社区市民中心基层立法征询点考察时，一场法律草案意见建议征询会正在进行。习近平向参加征询会的中外居民详细询问法律草案的意见征集工作情况。自 2015 年虹桥街道成为全国人大常委会基层立法联系点以来，有 280

---

[1] 胡阿祥：《吾国与吾名》，江苏人民出版社 2018 年版，第 271—274 页。
[2] 习近平：《论坚持全面依法治国》，中央文献出版社 2020 年版，第 20 页。
[3] 同上书，第 95—96 页。

名居民成为立法征询信息员，共有 30 部法律草案、10 部法规条例在此征询意见，上报 579 条建议，其中 28 条被采纳，成为"开门立法，问政于民"方针的基层实践典范。习近平指出："所有的重大立法决策都是依照程序、经过民主酝酿，通过科学决策、民主决策产生的。"2020 年 5 月，全国人大通过的《民法典》是新发展阶段我国以法治建设推动社会长治久安的一件大事。《民法典》编纂的 5 年间，起草组先后 10 次公开征求意见，对于同人民群众息息相关的条款，深入基层调查，42 万多人参与提供意见，总数达 102 万条。

政务公开中，决策公开也是保证人民广泛参与国家治理和社会治理的重要环节。2019 年 2 月，习近平总书记在中央全面依法治国委员会第二次会议上的讲话中指出："要健全重大决策充分听取民意工作机制，审议涉及群众切身利益、群众反映强烈的重大议题要依法依程序进行，该公示的公示，该听证的听证，决不允许搞'暗箱操作'、'拍脑门决策'。"[1] 我国"十四五"规划编制是新发展阶段的国家发展决策大事。按照习近平总书记关于"十四五"规划编制工作要开门问策、集思广益，把加强顶层设计和坚持问计于民统一起来，齐心协力把"十四五"规划编制好的重要指示精神，2020 年 8 月，"十四五"规划编制工作开展网上意见征求活动，分别在《人民日报》、新华社、中央广播电视总台所属官网和新闻客户端，以及"学习强国"学习平台开设"十四五"规划建言专栏，听取全社会意见建议。活动组织有序，社会反响热烈，累计收到网民建言超过 101.8 万条，充分表达了人民对美好生活的新期盼，为做好"十四五"规划编制工作提供了有益参考。中央政府通过互联网向全社会征求"十四五"规划编制意见和建议，这在我国五年规划编制史上是第一次，是国家层面重大决策倾听人民呼声、汇聚人民智慧的成功实践。

---

[1] 习近平：《论坚持全面依法治国》，中央文献出版社 2020 年版，第 256 页。

在习近平总书记"政务公开"概念中,"决策公开"与"管理公开"是紧密相连的。2015 年 12 月,习近平总书记在中央城市工作会议上的讲话中指出:"市民是城市建设、城市发展的主体。要尊重市民对城市发展决策的知情权、参与权、监督权,鼓励企业和市民通过各种方式参与城市建设、管理。"[1] 遵循习近平总书记 2019 年考察上海时提出的"人民城市人民建,人民城市为人民"重要理念,中共上海市委、上海市政府搭建更多民意"直通车"、公众"议事厅",坚持广纳群言、广集众智,丰富人民广泛参与城市民主决策、民主管理的制度化实践。为贯彻中央关于"建立健全人民建议征集制度,鼓励和支持人民群众以各种方式参与国家事务管理"的要求,上海设立的市级和区级人民建议征集办公机构,不再停留在被动地收集人民群众对政府工作的意见和建议的模式上,而是将各级政府机关制定地方性法规、政府规章、规范性文件和作出重大决策中涉及社会公共利益和重大民生问题的内容,向市民公开,建立"主动征集人民建议"的制度。上海市人民建议占信访总量的比例已从 2012 年的 6.5% 上升至 2020 年的 30%,采纳率从 58% 攀升至 98%。同时,政府要出台涉及广大群众切身利益和重大民生问题的改革方案和各项政策,必须坚持实行听证会等公开透明、听取民意、科学论证的制度。

(三)人民群众参与民主监督是实行"全过程人民民主"的重要环节

"全过程人民民主"中,民主监督是从制度执行层面治理庸政懒政、腐败之风的重要法宝。习近平总书记尖锐地指出:"群众反映强烈的问题长时间得不到解决,背后大多潜藏着为政不勤、为政不公、为政不义、为政不廉等问题。"[2]一些干部为政不勤不公不义不廉的问题,尤其是一些公职人员和领导干部做两面人、以权谋私、贪赃枉法、腐败奢靡的现象屡禁不止的问题,成为人民群众

[1]《习近平关于社会主义社会建设论述摘编》,中央文献出版社 2017 年版,第 133 页。
[2]《习近平关于全面从严治党论述摘编》,中央文献出版社 2021 年版,第 382 页。

极为不满的突出社会矛盾。建好防腐反腐的制度笼子固然重要，但如果不强化制度执行，不加强监督检查，制度的笼子就成为稻草人、纸老虎。扎紧关紧制度的笼子，一方面要靠党政系统专门的监督检查，如党纪监督、监察监督、派驻监督、巡视监督、人大监督、行政监督、司法监督、审计监督、统计监督等；另一方面要靠人民的监督检查，如民主监督、群众监督、舆论监督等。习近平总书记高度重视人民群众参与的民主监督，强调："要拓宽人民监督的权力的渠道"，[1]"畅通人民群众举报和监督渠道，发挥舆论监督包括互联网监督作用"。[2]他多次强调，要把多方面的监督协调起来，形成监督合力，推进国家治体系和治理能力现代化。

二、法治国家、法治政府、法治社会一体建设

"随着我国经济社会持续发展和人民生活水平不断提高，人民群众对民主、法治、公平、正义、安全、环境等方面的要求日益增长，要积极回应人民群众新要求新期待，坚持问题导向、目标导向，树立辩证思维和全局观念，系统研究谋划和解决法治领域人民群众反映强烈的突出问题，不断增强人民群众获得感、幸福感、安全感，用法治保障人民安居乐业。""要把体现人民利益、反映人民愿望、维护人民权益、增进人民福祉落实到全面依法治国各领域全过程。"这是习近平总书记 2020 年 11 月在中央全面依法治国工作会议上的讲话中进一步提出的新要求。[3]

以习近平同志为核心的党中央针对人民对美好生活的向往与法治发展不平

---

［1］《习近平关于全面从严治党论述摘编》，中央文献出版社 2021 年版，第 394 页。
［2］同上书，第 390 页。
［3］习近平：《坚定不移走中国特色社会主义法治道路　为全面建设社会主义现代化国家提供有力法治保障》，《求是》2021 年第 5 期。

衡不充分的矛盾问题，作出了全面依法治国的布局，提出了建设法治中国的目标。其要义是全面推进科学立法、严格执法、公正司法、全民守法，坚持依法治国、依法执政、依法行政共同推进，坚持法治国家、法治政府、法治社会一体建设。

（一）人民群众反映强烈的突出问题

1. 立法不完善

相当一些法律滞后于时代发展出现的新情况新问题，不能充分满足人民群众解决许多新的社会矛盾的诉求，不能充分回应人民群众维护权益、保障安全、增进福祉的新期盼。立法不完备的突出事例之一是，随着互联网、大数据、人工智能的大发展，电商网、物流网、车联网、银联网、房介网、旅程网、医联网等种类繁多的平台收集、掌控了大量的个人信息，其中包括人脸特征、指纹信息等生物识别信息。不少平台存在过度收集个人信息、擅自披露个人信息、非法买卖个人信息、蓄意篡改个人信息等问题。个人信息的泄露、买卖，为频频发生的网络电信诈骗、金融诈骗、商业诈骗、购房诈骗、养老诈骗，甚至人质敲诈等犯罪活动提供了条件，严重威胁人民群众经济、财产和生命的安全。2016 年全国人大通过的《网络安全法》总共 79 条，其中有关保护个人信息的仅 9 条；2018 年全国人大通过的《电子商务法》总共 89 条，其中有关保护个人信息的仅 4 条。这些法律对个人信息处理者的权限，对建立在大数据、机器学习、人工智能和算法等基础之上的自动化决策的规范，对生物识别、特定身份、医疗健康、金融账户以及未成年人状况等敏感个人信息，对国家机关和具有管理公共事务职能的组织处理个人信息的权限，对个人信息跨境提供，个人在个人信息处理活动中的权利等，缺乏完整、系统、细密的法律规定。

立法疏漏而未能护卫人民群众经济安全另一个突出事例是，1998 年国务院发布《非法金融机构和非法金融业务活动取缔办法》的法规，但社会上非法集资活动不仅没有被遏制，而且蔓延的范围越来越大，非法集资者骗走老百姓数十亿元、上百亿元乃至数百亿元的大案频频发生。其重要原因之一是，原有法规重处置"已然"，轻防范"未然"，即重在对已经发案的非法金融机构的取缔，而对打着"资产管理""实业投资"等经营范围幌子的非法集资机构缺乏事先严格审查和事中事后监管，没有规定建立资金异常流动情况、涉嫌非法集资可疑资金的监测预警等防范体制机制，也没有明确规定各级政府应充分运用各类媒介开展常态化的防范非法集资宣传教育工作，以增强公众对花样百出的非法集资骗局的识别能力。

2. 执法领域存在执法不严明、不公道的严重问题

党的十八大以后，习近平总书记在有关法治工作的多次讲话中指出政法队伍不正之风中令人民群众最不满意的种种问题：执法领域存在有法不依、执法不严、违法不究甚至以权压法、权钱交易、徇私枉法等突出问题；有的政法机关和干警执法随意性大，粗放执法、变通执法、越权执法，要么有案不立、有罪不究，要么违规立案、越权管辖；有的滥用强制措施，侵犯公民合法权益；有的执法人员甚至成为家族势力、黑恶势力的代言人，横行乡里，欺压百姓。一些黑恶势力长期进行聚众滋事、垄断经营、敲诈勒索、开设赌场等违法活动，老百姓敢怒不敢言，其背后就存在执法者听之任之不作为的情况，一些地方执法部门甚至同黑恶势力沆瀣一气，充当保护伞。其严重后果是，一些黑恶势力杀人越货，不但没有被惩处，其头目反而平步青云，甚至戴上"红顶"，当上了人大代表、政协委员、基层干部。[1]

3. 司法领域存在不公正的腐败问题

党的十八大以来，习近平总书记在多次讲话中尖锐指出司法不公、司法腐

---

[1] 参见习近平：《论坚持全面依法治国》，中央文献出版社 2020 年版，第 57 页。

败的种种问题：一些执法司法人员手握重器而不自重，贪赃枉法、徇私枉法，办"金钱案""权力案""人情案"，严重损害法治权威。群众反映，现在一个案件，无论是民事案件还是刑事案件，不托人情、找关系的是少数。尤其到了法院审判环节，请客送礼、打招呼、批条子的情况很严重。常有一些所谓"捞人"的事，声称可以摆平什么腐败案件、操作改变死刑判决，要价很高，有的高达几百万元。这就是说花钱可以免罪、买命。有的司法人员吃了被告吃原告，两头拿好处。[1] 司法腐败的典型案例是云南省被判处死刑的罪犯孙小果因多名政法干部徇私枉法，经多次改判减刑提前 8 年出狱后又组织领导黑社会性质组织，对人民生命财产和社会安全造成了极大危害。

4. 政府工作人员依法行政短板多

政府工作人员依法行政短板多，权力范围受法律的限定不足，权力可以滥用是造成腐败的土壤。习近平总书记指出："腐败的本质是权力出轨、越轨，许多腐败都与权力配置不科学、使用不规范、监督不到位有关。"[2] 大量腐败案件表明，由于在授权、用权、制权等环节，在权力归属、权力边界、权力流程等方面缺乏法规制约，就会给权力寻租、自由裁量、暗箱操作留下很大的空间。如，某直辖市级公安局局长、检察院检察长利用职务上的便利以及本人职权地位形成的便利条件，为相关单位和个人在案件处理、工程承揽、公务员录用、企业经营、职务提拔等方面提供帮助，非法收受他人巨额财物，就是权力出轨、越轨导致腐败的典型案例。

5. 公众普法、知法、守法短板多

公众普法、知法、守法短板多，造成诸多严重危害公众利益和安全的恶果。以金融诈骗、非法集资为例，政府有关部门未能充分运用各类媒介，通过对已

---

[1]　参见习近平：《论坚持全面依法治国》，中央文献出版社 2020 年版，第 22 页。
[2]　同上书，第 151—152 页。

发生的典型案例的剖析，解读和普及法律法规知识，揭露非法集资者设置骗局的阴谋手段。2017 年 7 月，习近平总书记在全国金融工作会议上作重要讲话，指出："要强化金融风险源头管控，严把市场准入关，强化金融机构防范风险的主体责任，加强社会信用体系建设。要坚决取缔非法金融机构，禁止非法金融活动，持续深入打击非法集资活动，一般工商登记注册企业一律不得从事或变相从事法定金融业务，谁都不能无照驾驶。特别是要依法严厉打击一些打着'高大上'旗号、花样百出的庞氏骗局。"[1] 习近平的这段重要讲话，当时新闻媒体并未公开发表。由于防范漏洞、普法盲区的存在，许多群众误以为持有政府工商管理部门经营执照的资产管理公司的投资业务是由政府审查批准的、受政府监管的，是合法的，不知未经中国人民银行依法批准的即是非法的，从而蒙受严重经济损失。

（二）完善立法、严明执法、公正司法

1. 积极回应人民群众对美好生活的新期盼，不断完善法律制度建设

"法与时转则治。"习近平总书记指出，实践是法律的基础，法律要随着实践发展而发展。转变经济发展方式，扩大社会主义民主，推进行政体制改革，保障和改善民生，加强和创新社会管理，保护生态环境，都会对立法出新的要求。要继续完善法律，一个是要适时制定新的法律，一个是要及时修改和完善现行法律。要坚持立改废并举，提高法律的针对性、及时性、系统性，使法律准确反映经济社会发展要求。[2]

"加快建立健全国家治理急需、满足人民日益增长的美好生活需要必备的法律制度。"[3] 这是习近平总书记在 2020 年对法治工作两次提出的要求。新发

---

[1]《习近平关于防范风险挑战、应对突发事件论述摘编》，中央文献出版社 2020 年版，第 61—62 页。

[2] 习近平：《论坚持全面依法治国》，中央文献出版社 2020 年版，第 20 页。

[3] 同上书，第 275 页。

展阶段，防控重大公共卫生风险，完善公共安全应急管理体制，推进惩治金融腐败和防控金融风险，大数据时代保护个人信息安全，解决教育、医疗、住房、就业、收入分配、养老等领域社会保障的新矛盾新问题，保护食品药品安全、生态环境安全，等等，都对完善立法提出了新课题。比如，2021 年 8 月全国人大常委会通过了《个人信息保护法》，从保护个人信息的七个方面周密制定了 47 条法律规定，弥补了以前《网络安全法》《电子商务法》在保护个人信息方面立法不充分的短板，以前过于原则化、概括化的法律条文变得细化，织密法网。又如，国务院回应群众强烈要求治理非法集资呼声，修改了十多年前的法规，2021 年初出台《防范和处置非法集资条例》，在防范方面新增加 11 条法规，首先要求地方各级人民政府建立非法集资监测预警机制，要求行业主管部门、监管部门强化日常监督管理，负责本行业、领域非法集资的风险排查和监测预警，防患于未然，并且新增加对国家机关人员在防范和处置非法集资过程中滥用职权、玩忽职守、徇私舞弊等行为追究法律责任的条款。再如，2021 年 5 月起施行的《民法典》作为新中国第一部以法典命名的法律，着眼于满足人民对新时代美好生活的需要，通过七大方面共 1260 条规定相当完整地构建了民事权利法律体系。这对于在法治轨道上调节社会关系、平衡社会利益、规范社会行为、解决社会矛盾，从而建成法治社会，起了重要的保障作用。

高新科技迅猛发展，在造福于民的同时，也带来了人们美好生活的安全隐患。习近平总书记在 2019 年就提醒："科技领域安全是国家安全的重要组成部分。""要加快科技安全预警监测体系建设，围绕人工智能、基因编辑、医疗诊断、自动驾驶、无人机、服务机器人等领域，加快推进相关立法工作。"[1] 他还提醒：

---

[1]《习近平谈治国理政》第 3 卷，外文出版社 2020 年版，第 221 页。

"要探索建立适应区块链技术机制的安全保障体系"，"要把依法治网落实到区块链管理中，推动区块链安全有序发展"。[1] 2020 年，他在法治工作的讲话中再次提醒："数字经济、互联网金融、人工智能、大数据、云计算等新技术新应用快速发展，催生一系列新业态新模式，但相关法律制度还存在时间差、空白区。"他要求"填补空白点、补强薄弱点"。[2]

2. 构建严明执法、公正司法的制度环境，回应人民群众对公平正义的呼声和要求

"促进社会公平正义是政法工作的核心价值追求。从一定意义上说，公平正义是政法工作的生命线，司法机关是维护社会公平正义的最后一道防线。"[3] 党的十八大以来，针对执法司法不规范、不严格、不透明、不文明现象较为突出，群众对执法司法不公和腐败问题反映强烈的状况，习近平总书记和党中央要求在制度层面完善铁规禁令，解决执法司法有违公平正义的问题。

其一，实行执法司法公开制度，加强对法治工作的全面监督。阳光是最好的防腐剂。权力运行不见阳光，或有选择地见阳光，公信力就无法树立。执法司法越公开，就越有权威和公信力。涉及老百姓利益的案件，除法律规定的情形外，一般都要公开。要坚持以公开促公正、以透明保廉洁。[4] 党中央关于法治中国建设规划要求：全面推行行政执法公示制度、执法全过程记录制度、重大执法决定法制审核制度；执法司法工作接受国家机关监督、民主监督、群众监督、舆论监督和社会监督。

其二，实行执法办案责任追究制度。在执法办案各个环节都要设置隔离

---

[1] 《习近平关于防范风险挑战、应对突发事件论述摘编》，中央文献出版社 2020 年版，第 81 页。
[2] 习近平：《坚定不移走中国特色社会主义法治道路　为全面建设社会主义现代化国家提供有力法治保障》，《求是》2021 年第 5 期。
[3] 《习近平谈治国理政》第 1 卷，外文出版社 2014 年版，第 148 页。
[4] 习近平：《论坚持全面依法治国》，中央文献出版社 2020 年版，第 49 页。

墙、通上高压线，谁违反制度，就要给谁最严厉的处罚，终身禁止从事法律职业，构成犯罪的要依法追究刑事责任。[1] 加大对执法不作为、乱作为、选择性执法、逐利执法等有关责任人的追责力度，落实行政执法责任制和责任追究制度。[2]

其三，实行防范和惩治干预司法活动、插手具体案件处理的制度。建立健全违反法定程序干预司法的登记备案通报制度和责任追究制度，对违反法定程序干预政法机关执法办案的，一律给予党纪政纪处分；造成冤假错案或者其他严重后果的，一律依法追究刑事责任。[3] 坚决破除各种潜规则，杜绝法外开恩，改变找门路托关系就能通吃、不找门路托关系就寸步难行的现象，让托人情找关系的人不但讨不到便宜，反而要付出代价。[4] 2019 年，在扫黑除恶专项斗争中，充当孙小果保护伞的 19 名公职人员被纪检监察机关移交司法审理并被判刑，其中云南省高级法院、司法厅、监狱管理局、公安厅的 6 名高级干部被判处 6 年至 12 年有期徒刑。孙小果父母犯徇私枉法、行贿等多项罪分别被判处 19 年、20 年有期徒刑。

3. 把政府活动全面纳入法治轨道，建设廉洁高效的法治政府

建设法治政府是法治国家建设的主体工程，是法治社会建设的先导和示范。法治政府要义是依法行政，恪守"法定职责必须为，法无授权不可为"的准则。为此，党的十八大以来，以习近平同志为核心的党中央要求推进机构、职能、权限、程序、责任法定化，划清权力边界，确立权力清单制度，不得法外设定权力，强化权力流程控制，压缩自由裁量空间，杜绝各种暗箱操作，坚决消除权力设租寻租空间。为防止政府部门发生重大决策错误，建立行政机关内部重

[1] 习近平:《论坚持全面依法治国》，中央文献出版社 2020 年版，第 49 页。
[2] 参见中共中央印发《法治中国建设规划（2020—2025 年）》。
[3] 习近平:《论坚持全面依法治国》，中央文献出版社 2020 年版，第 50 页。
[4] 同上书，第 51 页。

大决策合法性审查机制、法律顾问制度、重大决策终身责任追究制度及责任倒查机制。为保持公正文明执法，必须建立执法全过程记录制度，严格执行重大执法决定法制审核制度。加强政府内部权力的制约，对财政资金分配使用、国有资产监管、政府投资、政府采购、公共资源转让、公共工程建设等权力集中的部门和岗位实行分事行权、分岗设权、分级授权、定期轮岗，强化内部流程控制，防止权力滥用；完善政府内部层级监督和专门监督；保障依法独立行使审计监督权。[1]

鉴于各级政府是由党委领导的，政府干部基本上是执政党成员，建设廉洁高效的法治政府，不能脱离执政党的党风党纪建设。2021 年元月，党中央发布《法治中国建设规划（2020—2025 年）》，明确提出："建设法治中国，必须坚持依法治国和依规治党有机统一，加快形成覆盖党的领导和党的建设各方面的党内法规体系"，"注重党内法规同国家法律的衔接和协调，努力形成国家法律和党内法规相辅相成、相互促进、相互保障的格局"。党内法规是包括保证实施党的纪律在内的一系列专门规章制度，贯穿着党依法执政的精神，从更高层次上体现了党员干部遵守宪法和国家法律的要求。把党内法规、党的纪律挺在前面，有利于权力监督、权力制约，筑起防腐反腐、防范干部滑向违法犯罪深渊的第一道防线。建党一百周年之际，党中央、中央纪委以及中央工作机关制定的现行党内法规有 183 部。其中包括《领导干部报告个人有关事项规定》（要求定期报告本人各类收入，本人、配偶、子女的房产、投资、境外存款，配偶、子女及其配偶经商办企业等情况）和《领导干部干预司法活动、插手具体案件处理的记录、通报和责任追究规定》《干部选拔任用工作监督检查和责任追究办法》等。

---

[1] 参见《习近平论坚持全面依法治国》，中央文献出版社 2020 年版，第 96—98 页。

4. 构建普法、知法、尊法、守法的法治社会

法治社会是法治国家的基础，是法治政府的工作目标。2020 年末以来，党中央接连发布《法治社会建设实施纲要（2020—2025 年）》《关于加强社会主义法治文化建设的意见》《法治中国建设规划（2020—2025 年）》，贯穿着习近平法治思想，擘画了法治社会建设蓝图。

法治社会是全民守法的社会，首先是全民普法知法的社会。从社会公众层面看，法治发展不平衡不充分的状况，首先表现为与经济社会发展和人民群众利益密切相关的法律法规普及存在短板。普法是法治政府的责任。党中央要求认真落实"谁执法谁普法"普法责任制，2020 年底前基本实现国家机关普法责任制清单全覆盖，把案（事）件依法处理的过程变成普法公开课，完善司法人员以案释法、以案普法制度，增强普法的针对性和实效性。把社会各方面广泛参与立法过程变为宣传法律法规的过程。创新运用多种形式，加强对新出台法律法规规章的解读。健全媒体公益普法制度，引导报社、电台、电视台、网站、融媒体中心等媒体自觉履行普法责任。

法治社会是公共法律服务充分发展的社会。法治政府要顺应人民对公平正义、安定有序的法治社会美好生活的期望，须弥补公共法律服务不充分的短板，加快整合律师、公证、调解、仲裁、法律援助、司法鉴定等公共法律服务资源，到 2022 年基本形成覆盖城乡、便捷高效、均等普惠的现代公共法律服务体系。健全公民权利救济渠道和方式，制定出台法律援助法，保障困难群体、特殊群众的基本公共法律服务权益。

法治社会是诚信社会。多年来，经济社会活动中出现的严重"失信"现象、信用危机已成为人民群众极为不满的问题，成为突出的社会矛盾之一。为此，加快推进社会信用立法，健全覆盖全社会的征信体系，健全公民和组织守法信用记录，建立完善失信惩戒制度，是建设法治社会的一项重要工程。

中国特色的法治社会不是西方式的充斥高成本的诉讼社会，而是善于应用非诉讼方式依法调解人民内部矛盾纠纷的社会。20 世纪 60 年代初，浙江省诸暨市枫桥镇干部群众创造的"发动和依靠群众，坚持矛盾不上交，就地解决，实现捕人少，治安好"的管理方式，被称为"枫桥经验"，成为全国政法战线的典型，后得到不断发展。党中央提倡坚持和发展新时代"枫桥经验"，充分发挥人民调解的第一道防线作用，完善人民调解、行政调解、司法调解联动工作体系，把非诉讼纠纷解决机制挺在前面，引导矛盾各方理性平和协商解决矛盾纠纷。这也正是人民向往的公正和谐社会的美好生活。

三、共享发展、共同富裕是公平正义的基本价值目标

改革开放以来，经济体制经历了深刻变革，社会结构发生了深刻变动，利益格局出现了深刻变化。多种所有制经济并存，收入分配方式多元化，不同社会阶层的分化，不同地区自然禀赋和生态环境的差异、生产力布局和产业结构的差异、经济文化历史积淀的差异、与国际经济接轨的地缘差异，使不同社会群体、不同地区之间贫富差距变大。由于法治体系和政治建设尚未健全，以"权利公平、机会公平、规则公平"为主要内容的社会公平保障体系尚未健全，补齐社会公平正义的短板，成为新发展阶段人民群众向往美好生活的突出要求。

党的十九大前后，以习近平同志为核心的党中央对实现社会公平正义提出了一系列重要理念和方针政策。其中除了上文所述的执法司法公平正义之外，主要有以下几方面。

（一）促进社会公平正义以增进全体人民福祉

"公平正义是我们党追求的一个非常崇高的价值，全心全意为人民服务的

宗旨决定了我们必须追求公平正义，保护人民权益、伸张正义。"[1] 这是习近平总书记从执政党的根本价值观和宗旨层面上讲出了实现社会公平正义的意义和担当。

改革开放以来，很长一段时期，改革的措施注重于提高效率、增加发展的新动能，而疏于促进和维护公平正义的社会保障体制完善，出现了效率与公平之间不平衡的矛盾。为此，习近平总书记提醒："改革既要往有利于增添发展新动力方向前进，也要往有利于维护社会公平正义方向前进。"[2] 他指出，全面深化改革必须着眼创造更加公平正义的社会环境，不断克服各种有违公平正义的现象，使改革发展成果更多更公平惠及全体人民。如果不能给老百姓带来实实在在的利益，如果不能创造更加公平的社会环境，甚至导致更多不公平，改革就失去意义，也不可能持续。[3] 因此，维护社会公平正义，是转变政府职能的总方向的基本内容之一。[4]

（二）保障普惠性民生、促进基本公共服务均等化

民生领域完善公平正义，是人民群众最关切的问题。要矫正收入、就业、住房、教育、医疗、养老、助残、扶弱、济困等方面公平正义不到位的现象，首先要重点加强基础性、普惠性、兜底性民生保障建设，促进基本公共服务均等化。尤其要加大普惠性人力资本投入，完善养老和医疗保障体系、兜底救助体系、住房供应和保障体系。[5]

多年来，经济改革突出了市场在资源配置中起决定性的作用。市场经济优

---

[1]《领导干部要做尊法学法守法用法的模范　带动全党全国共同全面推进依法治国》，《人民日报》2015 年 2 月 3 日。

[2]《习近平谈治国理政》第 2 卷，外文出版社 2017 年版，第 103 页。

[3]《习近平谈治国理政》第 1 卷，外文出版社 2014 年版，第 96 页。

[4]《习近平关于社会主义政治建设论述摘编》，中央文献出版社 2017 年版，第 110 页。

[5]《在高质量发展中促进共同富裕　统筹做好重大金融风险防范化解工作》，《人民日报》2021 年 8 月 18 日。

胜劣汰的竞争机制强化了效率功能，追求市场主体经济效益的最大化，往往难以将资源自发地配置到基本公共服务均等化领域，在基础性、普惠性民生保障方面，市场机制往往失灵。这就需要政府发挥促进基本公共服务均等化、保障基本民生的职能。

党的十八大以来，习近平总书记在保障民生、推动基本公共服务均等化方面提出了一系列政策性要求。其中主要有：要让2亿多进城镇务工的农民工逐步公平享受当地公共服务；要重视健全农村留守儿童、留守妇女、留守老人关爱服务体系，围绕留守人员基本生活保障、教育、就业、卫生健康、思想情感等实施有效服务；要通过完善制度保障约1800万城镇低保人口的基本生活；要对1.3亿多65岁以上老年人增加养老服务供给和医疗服务的便利性；要让上千万在特大城市就业的大学毕业生等其他常住人口有适宜的居住条件；要让900多万城市登记失业人员有一门专业技能，实现稳定就业和稳定收入；要妥善安置在供给侧结构性改革、去产能过程中企业停产、转产、破产带来的下岗职工，落实财政专项奖补等支持政策，为他们创造更多就业机会；要针对特定人群特殊困难加强帮扶；帮扶地区和企业要把解决农村贫困人口就业问题作为脱贫的重要内容，组织技能培训，实现人岗对接。习近平总书记说："我国发展最大的不平衡是城乡发展不平衡，最大的不充分是农村发展不充分。"[1] 按照习近平总书记的要求，"十三五"期间中央和地方政府努力推进扶贫攻坚战，在缩小城乡基础设施差距、实现城乡基本公共服务均等化方面取得了可喜的进展。全国新建和改建农村公路超过140万公里，全国建制村通硬化路率、通客车率都达到百分之百，全国420多万公里农村公路成为致富路。农村自来水普及率达到81%以上，供电服务全覆盖，超过99%的行政村通光纤和4G，97%的

---

[1]《习近平谈治国理政》第3卷，外文出版社2020年版，第256页。

乡镇有了快递网点，农村卫生厕所普及率超过 65%，实现义务教育、基本医疗、安全住房全覆盖。

民生保障和公共服务均等化领域中，人民群众对住房、教育、医疗严重有违公平正义的问题反映强烈，称之为影响美好生活的"三座大山"。

以习近平同志为核心的党中央关切人民群众要搬掉这"三座大山"的呼声。在房地产问题上，习近平总书记一再强调，要坚持"房子是用来住的、不是用来炒"的定位，综合运用金融、财税、投资、立法等手段，抑制房地产投机和泡沫。强化政府对房产交易市场治理能力，二手房房价挂牌上市必须事先经过地方政府房管部门核验，扼制房地产投机，遏止房价远远超过购房者承受能力的疯涨。"十三五"期间，国家发展改革委、财政部安排下达各类棚户区改造中央补助资金约 8000 亿元，全国开工改造各类棚户区 2300 多万套，约 5000 多万名居民搬进新家；全国 3800 多万名困难群众住进公租房，累计 2200 多万名困难群众领取公租房租赁补贴，同时廉租房并轨运行，对低保低收入困难家庭实施精准保障。

在教育公平问题上，习近平总书记强调的基本理念是："教育公平是社会公平的重要基础，要不断促进教育发展成果更多更公平惠及全体人民，以教育公平促进社会公平正义。"[1] 接受教育的机会平等，是每一个人在人生道路上取得经济和义化上发展机会平等的前提条件。习近平指出，实现教育公平的基本要求是优化教育资源配置，逐步缩小区域、城乡、校际差距，特别是要加大对革命老区、民族地区、边远地区、贫困地区基础教育的投入力度，保障贫困地区办学经费，健全家庭困难学生资助体系。要推进教育精准脱贫，重点帮助贫困人口子女接受教育，阻断贫困代际传递，让每一个孩子都对自己有信心、对未

---

[1]《习近平关于社会主义社会建设论述摘编》，中央文献出版社 2017 年版，第 58 页。

来有希望。[1] 他要求加大支持乡村教师队伍建设力度，建立省级统筹乡村教师补充机制，实行大城市优质学校同贫困地区学校结对帮扶政策。[2]"十三五"期间，中央财政累计安排 9316 亿元资金用以推进义务教育均衡发展和城乡一体化。截至 2020 年底，中西部 22 个省份 725 个原连片特困地区县全面实施了乡村教师生活补助政策，覆盖约 8 万所乡村学校，受益教师 129.8 万人。2020 年，约 2500 万名家庭经济困难学生获得生活补助。2021 年 7 月，国家九部门联合推出中西部欠发达地区优秀教师定向培养计划，将每年为 832 个脱贫县以及中西部陆地边境县定向培养近万名本科层次师范生。在城市，"学区房热""校外补课热"是严重违背教育公平而引起人民群众极为不满的问题。为实现义务教育资源配置均等化和公平性，教育部出台政策遏止"学区房热"，采取多校划片，将热点学校分散至各个片区，随机派位，使不同片区、不同家境的学生有接受优质教育的平等机会。2021 年 7 月，党中央、国务院发布义务教育"双减"政策，依法依规严肃查处教师校外有偿补课行为，不再审批新的面向义务教育阶段学生的学科类校外培训机构，规定现有这类培训机构统一登记为非营利性机构，严禁资本化运作，将校外培训收费纳入政府指导价管理，坚决遏制过高收费和过度逐利行为。

在医疗服务均等化领域，习近平总书记十分关注农村医疗资源配置补齐短板问题。截至 2016 年，我国农村贫困人口中患大病的有 240 万人，患长期慢性病的有 900 多万人。习近平指出，患病是致贫返贫的重要原因，要深入实施"健康扶贫"工程，提高贫困地区医疗卫生服务能力，通过加强人才培养、对口支援等形式，提高当地卫生服务能力，保障贫困人口健康。[3]"十三五"期间，

［1］《习近平关于社会主义社会建设论述摘编》，中央文献出版社 2017 年版，第 59 页。
［2］《习近平关于社会主义经济建设论述摘编》，中央文献出版社 2017 年版，第 221 页。
［3］《习近平关于社会主义社会建设论述摘编》，中央文献出版社 2017 年版，第 108 页。

规模巨大的基本医疗保障网惠及贫困人口就医 4.8 亿人次，组织全国 80 多万名基层卫生人员逐户逐人逐病核实，全面摸清贫困人口患病情况，实行分类救治。全国 1000 多家城市三级医院对口帮扶贫困县医院，基层医疗服务能力快速提升，县域内诊率从 2015 年的 78% 上升到 2019 年的 88%。累计救治病人 2000 多万贫困患者。医保扶贫实现贫困人口应保尽保，2019 年以来，贫困人口参保率稳定在 99.9% 以上，住院和门诊慢病医疗费用实际报销比例稳定在 80% 左右。健康扶贫让近 1000 万户农村因病致贫返贫户摆脱了贫困。到 2019 年底，我国已全面整合城镇居民医保和新农合两项制度，建立起统一的城乡居民医保制度，城乡居民更加公平地享有医疗保障权益。针对癌症患者普遍负担不起昂贵的进口药费用这个突出问题，2018 年，国家医保局出台政策，将 17 种抗癌药纳入医保报销目录，平均降幅达 56.7%，其中大部分进口药品谈判后的支付标准低于周边国家或地区市场价格 36%。回应人民群众对"以药养医""看病贵"强烈不满的呼声，政府出台医药分开核算、分别管理的政策，降低患者用药费的支出。2019 年职工医保和居民医保政策范围内的住院费用报销比例分别达到 80% 左右和 70% 左右；居民个人卫生支出占卫生总费用的比例，由 2010 年的 35.29% 下降到 2019 年的 28.36%。近年来各地医院取消药品和医用耗材加成以后，针对人民群众担忧医疗服务价格上涨的新问题，2021 年 8 月，国家医保局等八部门发布深化医疗服务价格改革试点方案，把加强医疗服务价格的宏观管理摆在首要位置，让价格宏观水平与医疗事业发展、社会承受能力、区域发展差异等宏观因素相匹配，平衡好医疗事业发展需要和各方承受能力。

（三）实现社会公平，重在制度建设

长期以来，人民群众强烈不满的影响社会公平正义的突出问题是：以权力关系、人脉关系、金钱关系，破坏和颠覆每一个公民应享有的权利公平、机会公平、规则公平。党的十八大以后，习近平总书记在谈着力解决群众反映强烈的突出问题时尖锐指出，如果升学、考公务员、办企业、上项目、晋级、买房子、找工作、演出、出国等各种机会都要靠关系、搞门道，有背景的就能得到更多的照顾，没有背景的再有本事也没有机会，就会严重影响社会公平正义。这种情况如不纠正，能形成人才辈出、人尽其才的生动局面吗？这个社会还有发展活力吗？我们党和国家还能生机勃勃向前发展吗？我们共产党人绝不搞封建社会那一种"封妻荫子""一人得道，鸡犬升天"的腐败之道！[1] 以权力关系、人脉关系、金钱关系侵蚀、吞噬公平正义原则，是行业腐败、行政腐败、司法腐败等众多腐败现象之源。

实现公平正义不只是道德上的诉求，更重要的是需要制度上的保障。权利公平、机会公平、规则公平三者中，规则公平是权利公平、机会公平的制度保障。习近平总书记指出，我国现阶段存在的有违公平正义的现象，要通过制度安排、法律规范、政策支持加以解决。他强调："加紧建设对保障社会公平正义具有重大作用的制度，逐步建立以权利公平、机会公平、规则公平为主要内容的社会公平保障体系，努力营造公平的社会环境，保证人民平等参与、平等发展权利。"[2]

建立和完善社会公平正义的保障制度，是全面深化改革的重要着力点之一。习近平总书记指出，要把促进社会公平正义、增进人民福祉作为一面镜子，审视我们各方面体制机制和政策规定，哪里有不符合促进社会公平正义的问题，哪里就需要改革，使我们的制度安排更好体现社会主义公平正义原则。[3]

比如，对于保障招生、招聘公平的制度改革问题，习近平总书记指出，要深化考试招生制度改革，维护和增强全国统一考试在人才选拔培养中的核心地

［1］《习近平关于党风廉政建设和反腐败斗争论述摘编》，中央文献出版社、中国方正出版社2015年版，第95页。

［2］《习近平谈治国理政》第1卷，外文出版社2014年版，第96页。

［3］同上书，第97页。

位，清理规范各类特殊招生形式；落实事业单位公开招聘制度和国有企业分级分类公开招聘制度，做到信息公开、过程公开、结果公开，创造平等竞争的就业环境，治理就业的隐形门槛。[1] 又如，对于保障市场经济各类主体公平竞争和平等保护合法权益的制度问题，习近平总书记要求依靠加强法治建设，积极改善投资环境，努力实现各类企业依法平等使用生产要素、公平参与市场竞争、同等受到法律保护，把中国市场环境建设得更加公平、更富有吸引力。[2] 按照扩大开放的需要修改完善法律法规，在行政许可、市场监管等方面规范各级政府行为，清理废除妨碍公平竞争、扭曲市场的不合理规定、补贴和做法，公平对待所有企业和经营者。[3] 他特别指出，法治是最好的营商环境。各类市场主体最期盼的是平等法律保护。一次不公正的执法司法活动，对当事人而言，轻则权益受损，重则倾家荡产。要把平等保护贯彻到立法、执法、司法、守法等各个环节，依法平等保护各类市场主体产权和合法权益。[4] 习近平还指出，党的十八届四中全会提出健全以公平为核心原则的产权保护制度，加强对各种所有制经济组织和自然人财产权的保护，清理有违公平的法律法规条款；加大知识产权保护力度，提高侵权代价和违法成本，震慑违法侵权行为。[5]

（四）共享发展、共同富裕是社会公平正义的主要价值目标

党的十八大以后，习近平总书记尖锐提问："发展了，还有共同富裕问题。物质丰富了，但发展极不平衡，贫富悬殊很大，社会不公平，两极分化了，能得人心吗？"[6] 他还指出，我国经济发展的"蛋糕"不断做大，但分配不公问题

［1］《习近平关于社会主义社会建设论述摘编》，中央文献出版社 2017 年版，第 43 页。
［2］习近平：《论坚持全面依法治国》，中央文献出版社 2020 年版，第 26 页。
［3］同上书，第 28 页。
［4］同上书，第 254—255 页。
［5］同上书，第 27 页。
［6］《习近平关于社会主义社会建设论述摘编》，中央文献出版社 2017 年版，第 32 页。

比较突出，在共享改革发展成果上，必须作出更有效的制度安排，绝不能出现"富者累巨万，而贫者食糟糠"的现象。[1]

"治天下也，必先公。公则天下平矣。""公"的字义有"共同"的意思，公犹共也。人民群众对公平正义需要的日益增长，很大程度上包含着期盼实现共享发展、共同富裕的迫切性。习近平总书记指出，共享发展是判断改革发展成功与否的最终标准，共同富裕是社会主义的本质要求，并强调："共享发展注重的是解决社会公平正义问题。"[2] 2020 年 10 月，习近平总书记在党的十九届五中全会上，提出我国新发展阶段现代化新概念的五大要义之一是"全体人民共同富裕的现代化"，提出了在新发展阶段"全体人民共同富裕取得更为明显的实质性进展"的奋斗目标。

收入分配和社会福利领域公平正义，是人民群众对共享发展、共同富裕的期盼中最关切的问题。对这个问题，习近平总书记的思想和提出的政策主要有以下几个方面。

一是处理好政府、企业、居民三者分配关系，持续增加城乡居民收入。目前我国收入分配中存在的突出问题，主要是收入差距拉大、劳动报酬在初次分配中的比重较低、居民收入在国民收入分配中的比重偏低。对此，要努力推动居民收入增长和经济增长同步、劳动报酬提高和劳动生产率提高同步，调整国民收入分配格局，持续增加城乡居民收入，不断缩小收入差距。[3] 要处理好政府、企业、居民三者分配关系，通过加大再分配调节力度，适当提高居民收入比重，合理降低政府和企业收入比重。[4]

二是通过规范收入分配秩序、再分配和三次分配调节机制缩小收入分配差

［1］《习近平论治国理政》第 2 卷，外文出版社 2017 年版，第 200 页。

［2］同上书，第 199 页。

［3］习近平：《不断开拓当代中国马克思主义政治经济学新境界》，《求是》2020 年第 16 期。

［4］《习近平关于社会主义社会建设论述摘编》，中央文献出版社 2017 年版，第 42 页。

距。2016 年初，习近平总书记就指出，顺应人民群众对美好生活的向往，要重视"调整收入分配格局，完善以税收、社会保障、转移支付等为主要手段的再分配调节机制，维护社会公平正义，解决好收入差距问题，使发展成果更多更公平惠及全体人民"。[1] 2021 年 8 月，习近平主持召开以"在高质量发展中促进共同富裕"为总基调的中央财经委员会第十次会议，要求正确处理效率和公平的关系，构建初次分配、再分配、三次分配协调配套的基础性制度安排。加大税收、社保、转移支付等调节力度并提高精准性，以实现再分配。合理调节过高收入，鼓励高收入人群和企业更多回报社会，以实现第三次分配。扩大中等收入群体比重，增加低收入群体收入，形成中间大、两头小的橄榄形分配结构。清理规范不合理收入，整顿收入分配秩序，坚决取缔非法收入，促进社会公平正义，使全体人民朝着共同富裕目标扎实迈进。[2]

三是共享发展、共同富裕不是搞平均主义、劫富济贫。党的十八大以后，社会上有一些人说目前贫富差距是主要矛盾，因此"分好蛋糕比做大蛋糕更重要"，主张分配优先于发展。对此，习近平总书记指出："不是不要发展了，也不是要搞杀富济贫式的再分配。"[3] 他还指出，当代经济发展的一个重要特征，是知识、技术、管理等生产要素在生产中的贡献明显提升，分配要体现这个变化趋势，党的十八届五中全会提出实行以增加知识价值为导向的分配政策，道理就在这里，要认真贯彻落实。[4] 习近平主持召开中央财经委员会第十次会议特别指出，共同富裕"是全体人民的富裕，不是少数人的富裕，也不是整齐划一的平均主义，要分阶段促进共同富裕"；"允许一部分人先富起来，先富带后

［1］《习近平关于社会主义社会建设论述摘编》，中央文献出版社 2017 年版，第 13 页。

［2］《在高质量发展中促进共同富裕　统筹做好重大金融风险防范化解工作》，《人民日报》2021年 8 月 18 日。

［3］《习近平关于社会主义经济建设论述摘编》，中央文献出版社 2017 年版，第 12 页。

［4］ 同上书，第 42 页。

富、帮后富，重点鼓励辛勤劳动、合法经营、敢于创业的致富带头人"。要求在清理规范不合理收入的同时，注意"保护产权和知识产权，保护合法致富，促进各类资本规范健康发展"。[1]

四是共同富裕不依赖政府包揽，要靠建立机会公平、规则公平的社会环境。努力让人民过上更好生活是党和政府工作的方向，并不是说党和国家要大包大揽。要鼓励个人努力工作、勤劳致富，要创造和维护机会公平、规则公平的社会环境，让每个人通过努力都有成功机会。[2]习近平总书记主持召开中央财经委员会第十次会议明确提出："要鼓励勤劳创新致富，坚持在发展中保障和改善民生，为人民提高受教育程度、增强发展能力创造更加普惠公平的条件，畅通向上流动通道，给更多人创造致富机会，形成人人参与的发展环境。"事实上，近年来党和政府出台了一系列有利于人民群众获得平等发展、共同富裕机会的政策。比如，农业剩余劳动力向工业、服务业转移、人口城镇化率提高，是实现社会共同富裕的重要途径。长期以来城乡区域之间的户口迁移壁垒，使进城务工多年的农民工无法获得与城镇居民平等的发展机会。近年政府出台普惠公平政策，全面取消城区常住人口 300 万以下城市的落户限制，一亿农村转移人口在城镇落户，获得了更多奔向富裕生活的公平机会。

四、开辟生态文明新境界的时代睿智

党的十九大报告关于我国社会主要矛盾转化的论述点明了发展不平衡不充分的突出问题之一是生态环境问题，人民群众日益增长的美好生活需要之一是

---

[1]《在高质量发展中促进共同富裕 统筹做好重大金融风险防范化解工作》,《人民日报》2021 年 8 月 18 日。
[2]《习近平扶贫论述摘编》, 中央文献出版社 2018 年版，第 132 页。

对美好生态环境的需要。十九大报告和习近平关于生态文明建设的一系列重要论述，为解决人民物质文化需要与美好生态环境需要之间的矛盾，提供了智慧和方案。

（一）"取之有度，用之有节"

2014年以来，习近平总书记多次在生态文明建设讲话中引用唐代诗人白居易的哲理名句："天育物有时，地生财有限，而人之欲无极。以有时有限奉无极之欲，而法制不生其间，则必物暴殄而财乏用矣。"[1] 这表明，古人也懂得即使是可再生资源的产生，也是受到天时的周期性和地力的有限性制约的。2016年1月，习近平在省部级主要领导干部学习研讨班上，讲了"对自然要取之以时、取之有度"的思想。[2] 2016年8月，习近平在青海省考察工作时说，三江源地区有的县，30多年前水草丰美，但由于人口超载、过度放牧、开山挖矿等原因，虽然获得过经济超速增长，但随之而来的是湖泊锐减、草场退化、沙化加剧、鼠害泛滥，最终牛羊无草可吃。他指出，"生态环境是人类生存最为基础的条件，是我国持续发展最为重要的基础"。"生态环境没有替代品，用之不觉，失之难存。"[3] 在经济高速发展时期，长江沿岸化工等原料产业和制造业污染，长江鱼类资源濒临灭绝，非法采砂活动严重破坏长江水文地质环境。2016年1月，习近平在推动长江经济带发展座谈会上指出："长江拥有独特的生态系统，是我国重要的生态宝库。当前和今后相当长一个时期，要把修复长江生态环境摆在压倒性位置，共抓大保护，不搞大开发。"[4] 由此实施了长江岸线、长江流域生态环境的综合治理工程，实行了长江十年禁渔的生态保护措施。2017年5月，他在中央政治局集体学习时的讲话中，要求推进天然

---

[1]《习近平关于社会主义生态文明建设论述摘编》，中央文献出版社2017年版，第118页。

[2] 习近平：《深入理解新发展理念》，《求是》2019年第10期。

[3]《习近平关于社会主义生态文明建设论述摘编》，中央文献出版社2017年版，第13—14页。

[4] 同上书，第69页。

林保护、防护林体系建设、京津风沙源治理、退耕还林还草、湿地保护恢复等重大生态工程。多年来，习近平分别就陕西延安削山造城、浙江杭州千岛湖临湖地带违规搞建设、秦岭北麓西安段圈地建别墅、新疆卡山自然保护区违规"瘦身"、腾格里沙漠污染、青海祁连山自然保护区和木里矿区破坏性开采、甘肃祁连山生态保护区生态环境破坏等严重破坏生态环境事件作出多次批示。2017 年 12 月，习近平在《走中国特色社会主义乡村振兴道路》的重要讲话中指出，要扩大轮作休耕试点，对东北黑土地实行战略性保护，扩大华北地区地下水超采治理范围，在长江流域水生生物保护区实施全面禁捕，加大近海滩涂养殖污染治理力度，分类有序退出超垦超载的边际产能；要继续实施重要生态系统保护和修复工程，扩大退耕还林还草、退牧还草规模；要完善天然林保护制度，健全耕地草原森林河流湖泊休养生息制度。[1] 我国黄河流域大多处于干旱半干旱地区，水资源匮乏。黄河以占全国 2% 的水资源，承担了 15% 耕地的灌溉以及几十座大中城市的供水。2019 年 9 月，习近平在河南主持召开黄河流域生态保护和高质量发展座谈会时，针对黄河流域生态环境脆弱、水资源保障形势严峻问题，强调指出："不能把水当作无限供给的资源。要坚持以水定城、以水定地、以水定人、以水定产，把水资源作为最大的刚性约束，合理规划人口、城市和产业发展，坚决抑制不合理用水需求。"[2] 习近平总书记在 2019 年中国北京世界园艺博览会开幕式上的讲话指出："取之有度，用之有节"，是生态文明的真谛。[3] 这些都表明了人民物质需要的增长、经济活动开发自然资源的欲望必须有节制，遵循党的十九大报告要求"必须坚持节约优

---

[1]《习近平关于"三农"工作论述摘编》，中央文献出版社 2019 年版，第 113 页。
[2]《共同抓好大保护协同推进大治理　让黄河成为造福人民的幸福河》，《人民日报》2019 年 9 月 20 日。
[3]《习近平出席 2019 年中国北京世界园艺博览会开幕式并发表重要讲话》，《人民日报》2019 年 4 月 29 日。

先、保护优先、自然恢复为主的方针"，方能重建经济与生态、人与自然的平衡关系。

（二）"要提供更多优质生态产品以满足人民日益增长的优美生态环境需要"

早在 2015 年，习近平总书记就指出："在三十多年持续快速发展中，我国农产品、工业品、服务产品的生产能力迅速扩大，但提供优质生态产品的能力却在减弱。""人民群众对清新空气、干净饮水、安全食品、优美环境的要求越来越强烈。"[1] 2016 年 1 月，习近平总书记在省部级主要领导干部学习研讨班上的讲话，提出了"推动自然资本大量增值，让良好生态环境成为人民生活的增长点"的新要求。[2] 党的十九大报告对新阶段我国社会主要矛盾的新论断，作出了"既要创造更多物质财富和精神财富以满足人民日益增长的美好生活需要，也要提供更多优质生态产品以满足人民日益增长的优美生态环境需要"的完整表述，科学地表明了物质文化日益增长的需要，是受制于对优质生态产品和优美生态环境日益增长的需要。这里所说的"生态产品"概念绝不限于无污染、无公害的农产品、工业品等"绿色产品"，而主要是指维系生态安全、保障生态调节功能、提供良好人居环境的自然要素，包括清新的空气、清洁的水源和宜人的气候等。如，森林不只是提供人们功利目光中的木材产品，它涵养水资源，保持水土不流失，是提供清洁水源生态产品的绿色水库；它是保存生物多样性的巨大基因库，为人们提供丰富多样物种的生态产品；它防风固沙、调节气候、固碳放氧，为人们提供清洁的空气、宜人的气候等生态产品。在达到温饱水平以前，物质生活消费品短缺是民生大问题。而在物质生活消费品生产极大丰富的现阶段，生态产品短缺成为影响改善民生的重大问题。

提供更多优质生态产品的重要机制之一，是实行生态补偿制度。这是全面

---

[1]《习近平关于社会主义生态文明建设论述摘编》，中央文献出版社 2017 年版，第 10、28 页。
[2] 习近平：《深入理解新发展理念》，《求是》2019 年第 10 期。

深化改革在生态文明制度建设领域的一项重要举措。如，上游地区退耕还林、退牧还草、涵养水源、治理污染、修复生态，为中下游地区提供了清洁丰沛的水；享用了优质生态产品的中下游地区，则向经济利益受损的上游地区提供生态补偿资金。党的十九大以来，生态补偿制度在越来越多的地区得到实行，生态产品短缺的状况开始有了转变。扩大生态产品供给，成为新阶段绿色发展的重要导向。

第五章

解决新阶段社会主要矛盾的基本理念和战略

发展是马克思主义的主题，也是人类社会永恒的主题。面对党的十八大以来经济社会发展的一系列新趋势新机遇和新矛盾新挑战，习近平总书记提出了关于中国特色社会主义发展新阶段与社会主要矛盾转化的一系列新论断，深刻回答了新时代中国"实现什么样发展、怎样实现发展"的重大问题，体现了新时代的发展理念。

一、解决发展不平衡不充分矛盾的基本理念

唯物史观认为，社会主义矛盾发生变化不是突然发生的变化，而是矛盾运动长期积累的结果，是一个循序渐进、不断演化的历史过程。党的十九大对我国社会主要矛盾转化作出了重大判断，新时代我国人民群众的需要已经从"物质文化需要"转化到"美好生活需要"，从"落后的社会生产"转化到"不平衡不充分的发展"。为应对社会主要矛盾的转化，需要一系列顺应时代潮流、反映人类社会发展规律的科学指引。

（一）深刻把握人类社会发展规律

2015 年 10 月 29 日，习近平总书记在党的十八届五中全会上指出："理念是行动的先导，一定的发展实践都是由一定的发展理念来引领的。发展理念是

否对头，从根本上决定着发展成效乃至成败。实践告诉我们，发展是一个不断变化的进程，发展环境不会一成不变，发展条件不会一成不变，发展理念自然也不会一成不变。"中国特色社会主义的发展已经站在新的历史起点上，要根据新的发展阶段的新要求，坚持问题导向，更加精准地贯彻新发展理念，切实解决好发展不平衡不充分的问题，推动高质量发展。为此，需要深刻总结国内外发展经验教训，分析国内外发展大势，以更为全面地把握人类社会的发展规律。

1. 人类社会的发展规律显示了创新是引领发展的第一动力

人类社会的发展历程展示了创新对于理论、制度、科技和文化等各个方面发展的重要引领作用。马克思、恩格斯在《共产党宣言》中写道："资产阶级在它的不到一百年的阶级统治中所创造的生产力，比过去一切世代创造的全部生产力还要多，还要大。"[1] 工业革命以来，科学技术的突飞猛进，推动了生产力的大力发展。有数据显示，19 世纪 40 年代，大约生产了 6.4 亿吨的煤，自 1780 年以来，国际贸易已增加了 3 倍，贸易额达到了约 8 亿英镑。[2] 科技的进步不但推动了生产力的发展，也在一定程度上促进了知识的传播以及社会科学的发展。据统计，在《共产党宣言》诞生前，已有约 4000 种报纸为世界各国公民提供讯息，每年光是在英国、法国、德意志和美国出版的书籍种类就达五位数之多。[3]

亚洲研究协会前主席罗兹·墨菲（Rhoads Murphey）曾对 20 世纪以前东西方的军事实力、经济繁荣和扩张、技术发展和政治凝聚力的总和进行过评估："从 17 世纪末或 18 世纪初起，西方在许多方面的效率达到了一种上升状态，这个时间很可能与亚洲大部分传统秩序的效率出现下降状态的时间吻合。

[1] 马克思、恩格斯：《共产党宣言》，人民出版社 2014 年版，第 32 页。
[2][3] 数据参见［英］艾瑞克·霍布斯鲍姆：《革命的年代：1789—1848》，王章辉等译，中信出版社 2017 年版，第 344 页。

西方的兴起和东方的衰落是绝对的，它们在时间上的重叠构成了对立模式。"[1]他画了一条已经初步完成社会变革和工业革命、科技迅速发展繁荣的"西方"的上升曲线和一条多数国家思想禁锢、闭关锁国的"亚洲"的下降曲线，二者的交叉点是 1815 年。可见，科技、制度等方面的进步不但推动了国家的发展，也深刻影响着长时段视野下国际力量的对比。

在革命、建设和改革等各个历史时期，中国共产党都高度重视创新与科技事业。《中国人民政治协商会议共同纲领》中就写道："努力发展自然科学，以服务于工业农业和国防的建设。"1956 年 1 月，在全国知识分子问题会议上，毛泽东发出"向科学进军"的号召，呼吁"全党努力学习科学知识，同党外知识分子团结一致，为迅速赶上世界科学先进水平而奋斗！"1978 年 3 月 18 日，全国科学大会开幕，5586 名科学工作者汇聚北京。邓小平在会上中提出，"科学技术是生产力""四个现代化关键是科学技术的现代化"。中国进入改革开放的历史新时期，也迎来了科技进步与创新的春天。从进入 21 世纪深入实施知识创新工程、科教兴国战略、人才强国战略，不断完善国家创新体系、建设创新型国家，到党的十八大以来提出创新是第一动力、全面实施创新驱动发展战略、建设世界科技强国，科技事业在党和人民事业中始终占据重要的战略地位、发挥重要的战略作用。

2. 人类社会的发展规律显示了协调是持续健康发展的内在要求

"增长与发展"的关系问题是与人类社会的发展历程相伴而行的。工业革命后，随着蒸汽机、机床、纺纱机等新兴生产工具的推广和应用，生产力得到了大幅发展，与此同时，社会经济结构也发生了深刻变革。"自然力的征服，机器的采用，化学在工业和农业中的应用，轮船的行驶，铁路的通行，电报的使

---

[1] Rhoads Murphey，*The Outsiders: The Western Experience in India and China*，University of Michigan Press，1977，p.5.

用，整个整个大陆的开垦，河川的通航，仿佛用法术从地下呼唤出来的大量人口——过去哪一个世纪料想到在社会劳动里蕴藏有这样的生产力呢？"[1] 马克思和恩格斯结合一系列社会现实问题，分析了社会矛盾，体现了他们对于"增长与发展"关系问题的思考。

作为第二次世界大战后的世界最大的经济体，1945 年到 1975 年年间，美国资本主义经济持续扩张、高速发展，民众的生活得到了大幅改善。但 21 世纪以来，尤其是 2008 年全球经济危机爆发后，以美国为代表的资本主义国家高速发展的经济陷入重重困境，随之而来的是失业、贫困、社会失衡等与人类社会发展息息相关的问题。

进入 21 世纪，面对严峻的国际经济形势，国内外诸多发展经验教训也促使我们重新认识和思考"增长与发展"的关系。党的十八大以来，中国共产党对经济形势进行科学判断，对发展理念和思路作出及时调整。2015 年 10 月，在十八届五中全会上，习近平总书记强调，协调发展注重的就是解决发展不平衡问题。他在多个场合谈到，"协调既是发展手段又是发展目标，同时还是评价发展的标准和尺度。""协调发展不是搞平均主义，而是更注重发展机会公平、更注重资源配置均衡。""处理好局部和全局、当前和长远、重点和非重点的关系，在权衡利弊中趋利避害、作出最为有利的战略抉择。"这一系列论断展现了在中国特色社会主义发展的新时代，中国共产党对于"增长与发展"关系问题的认识与思考。

3. 人类社会的发展规律显示了绿色是永续发展的必要条件

工业文明给人类社会发展带来巨大物质财富的同时，也给生态环境带来了严重破坏。早在《自然辩证法》中，恩格斯就告诫我们，人作为主体，可以通过人类活动使自然界为自己的目的服务，"但是我们不要过分陶醉于我们人类对

---

[1]《马克思恩格斯选集》第 1 卷，人民出版社 2012 年版，第 405 页。

自然界的胜利。对于每一次这样的胜利，自然界都对我们进行报复"。[1] 但此后，西方发达国家依然遵照了"先污染后治理"的发展理念，使得多数发达国家的生态环境和民众生活质量每况愈下。1943 年的洛杉矶光化学烟雾事件导致 400多人死亡，这一数字仅仅是 1952 年 12 月同样事件中洛杉矶市 65 岁以上老人的死亡数。而在 1955 年 9 月，光化学烟雾又造成 400 多名老人在短短 2 天内死亡，更多人因受到烟雾刺激而出现眼睛刺痛、呼吸困难等症状。有学者统计了洛杉矶县报道居民患眼睛过敏症的天数，其中 1959 年是 187 天，1960 年是198 天，1961 年是 186 天，1962 年是 212 天。这样的数据，显示出洛杉矶县的空气污染非但没有好转，反而继续恶化。[2] 这是发达资本主义国家在工业化进程中忽视污染控制的恶果。

巨大的环境污染代价使人们逐渐认识到可持续发展的重要性。美国海洋生物学家雷切尔·卡森（Rachel Carson）在 1962 年出版的《寂静的春天》（*Silent Spring*）一书中提出了城市发展所带来的影响等问题。1972 年，罗马俱乐部的一份研究报告《增长的极限》，从人口、农业生产、自然资源、工业生产和环境污染等几个方面阐述了不合理的经济增长模式给地球和人类带来的毁灭性灾难。这份报告也被认为是人类对不合理经济发展模式的首次反思，推动了环境保护与可持续发展理论的发展。1992 年 6 月，在巴西里约热内卢举行的地球峰会上，各国就可持续发展达成了《21 世纪议程》，是在鼓励发展的同时保护环境的全球可持续发展计划。2015 年，在纽约举行的联合国可持续发展峰会中，关于可持续发展目标的《2030 年可持续发展议程》获批准。2016 年 1 月 1日，《2030 年可持续发展议程》正式启动，呼吁各国采取行动，为今后 15 年实现包括"采用可持续的消费和生产模式"在内的 17 项可持续发展目标而努力。

---

［1］《马克思恩格斯文集》第 9 卷，人民出版社 2009 年版，第 559—560 页。
［2］ 冬雪：《洛杉矶治理雾霾的艰难历程》，《百科知识》2013 年第 9 期。

1992 年，中国政府向联合国环境与发展大会提交了《中华人民共和国环境与发展报告》，阐述了中国关于可持续发展的基本立场和观点。1994 年，中国政府制定并批准通过了《中国 21 世纪议程——中国 21 世纪人口、环境与发展白皮书》，这是我国第一个国家级可持续发展战略，确立了 21 世纪我国可持续发展的总体战略框架和各个领域的主要目标。1995 年，党的十四届五中全会提出，要把实现可持续发展作为一项重大战略，并正式将可持续发展战略写入《中共中央关于制定国民经济和社会发展"九五"计划和 2010 年远景目标的建议》。1996 年 3 月，第八届全国人民代表大会第四次会议批准了《中华人民共和国国民经济和社会发展"九五"计划和 2010 年远景目标纲要》，将可持续发展作为一条重要的指导方针和战略目标上升为国家意志。1997 年 9 月，十五大进一步明确将可持续发展战略作为我国经济发展的战略之一。

党的十八大以来，对绿色发展高度重视，积极推动人与自然和谐发展。2015 年，十八届五中全会的公报明确提出坚持绿色发展的理念：坚持绿色发展，必须坚持节约资源和保护环境的基本国策，坚持可持续发展，坚定走生产发展、生活富裕、生态良好的文明发展道路，加快建设资源节约型、环境友好型社会，形成人与自然和谐发展现代化建设新格局，推进美丽中国建设，为全球生态安全作出新贡献。[1] 在发展中倡导绿色、生态、低碳、循环的理念，改变以资源耗竭、环境污染支撑经济增长的发展方式，体现了我国加快推进人与自然和谐发展现代化建设新格局，推进美丽中国建设的决心与担当，为全球的生态安全和可持续发展作出了贡献。

4. 人类社会的发展规律显示了开放是国家繁荣发展的必由之路

历史的实践告诉我们，国家的繁荣发展与顺应经济全球化潮流、坚持对外

---

[1]《绿色，彰显中国可持续发展理念》，《人民日报》2015 年 11 月 3 日。

开放是密切相关的。人类社会发展从进入文明时代开始，各个地区、各个文明的交流就连绵不断。第一次世界大战以前，世界各地的文化交流和经济全球化进入一个前所未有的局面。以第一个现实社会主义国家苏联为例，自1928年起的第一个五年计划，苏联开始大规模购入欧美的生产车间，聘请美国专业技术人员监督和指导。苏联三大钢铁厂，即马格尼托戈尔斯克钢铁厂、库兹涅茨克钢铁厂和扎波罗热钢铁厂，都是在美德两国的援助下建造的。苏联三大汽车厂都是在西方专家帮助下，用西方设备更新装备的；四大拖拉机厂大部分都是美德等国援建的新厂，著名的斯大林格勒拖拉机厂是在美国近80家工厂的帮助下建成的。20世纪30年代最大电站第聂伯电站和其他大型电站都是由英国、德国和美国提供设备，帮助建成的。但1929年至1933年的经济大萧条期间，西方发达国家的利益冲突使得经济全球化的进程受挫，许多资本主义国家纷纷放弃盛行一时的自由主义经济思想，加大了政府干预经济的力度，强化贸易壁垒。整个西方世界陷入全面大萧条，国际贸易量急剧下降。这也被认为是第二次世界大战爆发的一大诱因。

随着第二次世界大战的结束，马歇尔计划、布林顿森林会议和多个国际机构的建立开启了新一轮的全球化进程。《关税及贸易总协定》（GATT）的签署、世界贸易组织（WTO）的成立、冷战的结束和中国改革开放的实施把全球化推向一个又一个新的高潮。开放发展也逐步成为全球化进程中世界各国各地区公认的发展理念。2000年，国际货币基金组织（IMF）对全球化的四个基本方面作了定义：贸易和国际往来、资本与投资的流动、人口流动、知识的传播。集中在经济领域，通过产业分工和规模经济，全球化可以大幅提高人类的生产力、降低成本。通过分工协作和比较优势，各个国家找到它们擅长的领域和成本优势，通过国际合作和贸易来发展经济、提高国民生活水平。

党的十一届三中全会召开后，中国以积极的姿态主动融入经济全球化之中，促进了社会生产力的发展，也为世界经济的发展作出了贡献。20 世纪 90 年代初，邓小平同志南方谈话后，中国特色社会主义的发展开启了新阶段，加快了融入世界经济的步伐。2001 年，中国正式加入世贸组织，大大改善了国际贸易的环境。十六大提出了全面建设小康社会的目标，强调继续深化改革开放，坚持"引进来"与"走出去"相结合，全面提高对外开放水平，在更高层次、更宽领域上参与国际经济的竞争与合作，以适应加入世贸组织后的新形势。此后，中国融入世界经济全球化的步伐不断提速，经济总量稳步增加，于 2010 年跃升至世界第二位。2017 年 1 月 17 日，习近平主席在瑞士达沃斯举行的世界经济论坛 2017 年年会开幕式上发表主旨演讲并指出，"历史地看，经济全球化是社会生产力发展的客观要求和科技进步的必然结果，不是哪些人、哪些国家人为造出来的。经济全球化为世界经济增长提供了强劲动力，促进了商品和资本流动、科技和文明进步、各国人民交往。"[1] 2017 年 5 月，来自 130 多个国家、70 多个国际组织的嘉宾参加"一带一路"国际合作高峰论坛。会上，习近平主席提出了以"一带一路"建设为全球投资增添动力的国际倡议，这一倡议也逐渐成为新时代开放包容的国际合作平台和全球公共产品，是中国对经济全球化作出的重大贡献。在博鳌亚洲论坛 2018 年年会的开幕式上，习近平主席进一步指出，经济全球化是不可逆转的时代潮流，"中国开放的大门不会关闭，只会越开越大"。

5. 人类社会的发展规律显示了共享是中国特色社会主义的本质要求

由广大人民群众共享改革发展成果是社会主义的本质要求，也是社会主义制度优越性的集中体现。西方资本主义国家的发展进程不止一次地证明了，缺乏社会公平正义，违背人类社会发展规律，不以共享为前提的发展是不可持续

---

[1] 习近平：《共担时代责任，共促全球发展》，《求是》2020 年第 24 期。

的。在马克思对未来社会的构想中，私有制和阶级已经不存在，未来的社会将是"这样一个联合体，在那里，每个人的自由发展是一切人的自由发展的条件"。[1] 在这个联合体中，生产力得到巨大发展，人的需要得到极大满足，个人的劳动也不再是异化劳动。

共享发展注重的就是如何解决社会公平正义问题。近年来，随着全球化进程的不断深入，国家之间的发展差距有所拉大，各国尤其是发达国家国内不平等问题和矛盾日益凸显，对全球化的进一步推进提出了挑战，国际经济循环格局发生深度调整，收入分配不平等、发展空间不平衡已成为全球经济治理面临的最突出问题。以美国的社会抗争运动为例，随着新冠肺炎疫情在美国的持续蔓延和失控，美国社会各种矛盾交织爆发，政治极化现象愈发严重，"黑人性命同样重要""自治区"社会实验等社会运动如火如荼。2017 年，世界经济论坛创始人兼执行主席克劳斯·施瓦布（Klaus Schwab）在《第四次工业革命》(*The Fourth Industrial Revolution*) 一书中写道，第四次工业革命将产生极其广泛而深远的影响，包括加剧不平等，特别是有可能扩大资本回报和劳动力回报的差距。全球最富有的 1% 人口拥有的财富量超过其余 99% 人口财富的总和，收入分配不平等、发展空间不平衡令人担忧。有数据显示，目前全球仍然有 7 亿多人口生活在极端贫困之中。对很多家庭而言，拥有温暖住房、充足食物、稳定工作依然还只是一种奢望。这是当今世界面临的最大挑战，也是一些国家和地区社会动荡的重要原因。

党的十八大以来，中国共产党坚持全心全意为人民服务的根本宗旨，充分调动民众推动发展的积极性、主动性和创造性，树立共享发展理念。2020 年 8 月 24 日，习近平总书记在经济社会领域专家座谈会上指出，"'十四五'时期如

---

[1]《马克思恩格斯选集》第 1 卷，人民出版社 2012 年版，第 422 页。

何适应社会结构、社会关系、社会行为方式、社会心理等深刻变化，实现更加充分、更高质量的就业，健全全覆盖、可持续的社保体系，强化公共卫生和疾控体系，促进人口长期均衡发展，加强社会治理，化解社会矛盾，维护社会稳定，都需要认真研究并作出工作部署"。[1] 他强调，在"十四五"期间，要更加注重维护社会公平正义，促进人的全面发展和社会全面进步。

在国际上，中国越来越积极地参与国际规则的构建与改革，提倡包容、普惠的全球化理念，坚持普惠共赢，促进全球包容发展。习近平总书记指出，"人类已经成为你中有我、我中有你的命运共同体，利益高度融合，彼此相互依存。每个国家都有发展权利，同时都应该在更加广阔的层面考虑自身利益，不能以损害其他国家利益为代价。我们要坚定不移发展开放型世界经济，在开放中分享机会和利益，实现互利共赢"。[2] 2020 年 3 月，他在同联合国秘书长古特雷斯通电话时指出："新冠肺炎疫情的发生再次表明，人类是一个休戚与共的命运共同体"，"国际社会必须树立人类命运共同体意识，守望相助，携手应对风险挑战，共建美好地球家园"。[3] 为此，我们要坚持创新驱动，打造富有活力的增长模式；坚持协同联动，打造开放共赢的合作模式；坚持公平包容，打造平衡普惠的发展模式，[4] 让世界各国人民共享经济全球化发展成果，为实现中华民族伟大复兴的中国梦创造更加良好的外部条件。

（二）满足我国现实发展的内在需求

当前我国社会主要矛盾已经转化为人民日益增长的美好生活需要和不平衡不充分的发展之间的矛盾。新时代我国社会主要矛盾的变化，是关系全局的历史性变化，深刻反映了我国社会生产和社会需求的新特点，这是由我国现阶段

［1］ 习近平：《正确认识和把握中长期经济社会发展重大问题》，《求是》2021 年第 2 期。
［2］ 习近平：《共担时代责任，共促全球发展》，《求是》2020 年第 24 期。
［3］ 习近平：《团结合作是国际社会战胜疫情最有力武器》，《求是》2020 年第 8 期。
［4］《习近平在中法全球治理论坛闭幕式上的讲话》，新华网，2019 年 3 月 27 日。

的客观实际决定的。[1] 我国发展的不平衡不充分表现在中国特色社会主义事业"五位一体"总体布局的各个方面。党的十九大以来，习近平总书记多次讲到，当今世界正经历百年未有之大变局。新冠肺炎疫情全球大流行使这个大变局加速变化，保护主义、单边主义上升，世界经济低迷，全球产业链供应链因非经济因素而面临冲击，国际经济、科技、文化、安全、政治等格局都在发生深刻调整，世界进入动荡变革期。解决发展不平衡不充分矛盾的基本理念正是基于我国经济社会发展的诸多国内外客观实际所提出的。

1. 关于经济建设

我国随着经济发展进入新常态，已由高速增长阶段转向高质量发展阶段，面临增长速度换挡期、结构调整阵痛期、前期刺激政策消化期"三期叠加"的复杂局面，传统发展模式难以为继，经济发展的不平衡不充分体现在一系列新情况新矛盾之中。

一是我国经济在稳定中逐渐复苏。2020 年，中国经受住新冠疫情和中美贸易摩擦的双重挑战，经济触底后快速复苏，我国 GDP 首次突破 100 万亿元大关，[2] 成为中国经济的历史分水岭。2020 年，国内生产总值达 101.6 万亿元，增长 2.3%。城镇新增就业 1186 万人，年末城镇调查失业率为 5.2%。居民消费价格指数上涨 2.5%。国际收支基本平衡，外汇储备保持在 3 万亿美元以上。[3] 根据世界银行最新报告，2021 年中国经济增速将回升至 7.9%，可能是增速最高的主要经济体之一。2020 年底，世界经合组织（OECD）预计，中国仍将领跑全球，占 2021 年全球经济增量的三分之一以上。[4]

［1］ 中共中央宣传部编：《习近平新时代中国特色社会主义思想三十讲》，学习出版社 2018 年版，第 68 页。
［2］《中国经济总量首超 100 万亿元》，《人民日报》2021 年 1 月 18 日。
［3］《关于 2020 年国民经济和社会发展计划执行情况与 2021 年国民经济和社会发展计划草案的报告》，新华网，2021 年 3 月 13 日。
［4］ 刘红权：《中国经济：新起点，新征程》，澎湃新闻，2021 年 1 月 6 日。

二是严峻的国际经济形势为中国经济的发展带来了许多不确定性。经济的发展过程充满了风险与挑战。2021年1月，世界银行发布《全球经济展望报告》，预测2021年经济增速，世界为4.0%，中国为7.9%，美国为3.5%，欧元区为3.6%，日本为2.5%。2020年12月，OECD发布《全球经济展望报告》，预测2021年经济增速，世界为4.2%，中国为8.0%，美国为3.2%，欧元区为3.6%，日本为2.3%。[1] 正如2020年12月召开的中央经济工作会议就我国所面临的复杂国际形势所强调的，2021年，疫情并未完全结束，疫苗成效尚待验证，美国总统拜登上台，内外因素的不确定性依旧存在。2021年世界经济形势仍然复杂严峻，复苏不稳定不平衡，疫情冲击导致的各类衍生风险不容忽视。[2]

三是我国经济恢复基础尚不牢固。从国内经济发展态势看，经济发展速度面临换挡，经济发展结构和发展动力都有待调整。面对经济下行的压力和经济增长速度转向中高速增长的现实，经济增长需要更强的驱动力。中央经济工作会议在部署2021年的重点任务时，首先部署的就是"强化国家战略科技力量"和"增强产业链供应链自主可控能力"，这在以往的中央经济工作会议中并不常见，凸显了这两项重点任务在当前我国经济建设过程中的必要性和紧迫性。2021年3月8日，国务院新闻办召开新闻发布会介绍深入贯彻新发展理念，确保"十四五"开好局起好步有关情况。会上强调国内经济恢复的基础尚不牢固，居民消费仍受制约，投资增长后劲不足，中小微企业和个体工商户困难较多。但应看到，国内经济存在的问题，有许多是恢复中的问题，通过发展可以解决。对外部输入的各种风险，必须积极防范、妥善应对，以国内主动工作的确定性来对冲国际复杂环境的不确定性。[3] 我国经济遇到的新情况和新矛盾显

---

[1] 数据参见《数据概览：2020年经济增长相关数据》，国家发展与改革委员会网站，2021年4月7日。

[2] 《中央经济工作会议在北京举行》，《人民日报》2020年12月19日。

[3] 《国家发改委：有把握实现2021年经济社会发展目标任务》，红星新闻，2021年3月8日。

示了当前经济发展的不平衡不充分问题，凸显了经济发展复杂的国内外环境与挑战。

2.关于政治建设

党的十八大以来，我国社会主义民主政治制度化、规范化、程序化全面推进，随着社会主义民主政治的不断发展，政治领域不平衡不充分的矛盾体现在党和国家发展人民民主、推进政治文明的一系列举措之中，体现在广大人民群众的诸多诉求之中。

一是我国社会主义民主政治的发展体现了一定的制度优势。人民当家作主制度体系适应时代发展和人民要求不断完善、不断健全，为满足人民日益增长的美好生活需要提供制度保障，为应对各种风险挑战提供强大制度支撑。[1]我国的政治制度安排，能够有效保证人民享有更加广泛、更加充实的权利和自由，保证人民广泛参加国家治理和社会治理：能够有效调节国家政治关系，发展充满活力的政党关系、民族关系、宗教关系、阶层关系、海内外同胞关系，增强民族凝聚力，形成安定团结的政治局面；能够集中力量办大事，有效促进社会生产力解放和发展，促进现代化建设各项事业，促进人民生活质量和水平不断提高；能够有效维护国家独立自主，有力维护国家主权、安全、发展利益，维护中国人民和中华民族的福祉。[2]党的十九届四中全会通过的决定，阐明了我国国家制度和国家治理体系13个方面的显著优势，"坚持人民当家作主，发展人民民主，密切联系群众，紧紧依靠人民推动国家发展"就是其中的一大显著优势。

二是在政治建设的其他方面，我国依然存在新情况新矛盾。这些新挑战集

---

[1]　冯玉军：《人民当家作主制度体系不断健全》，《人民日报》2020年2月14日。
[2]　中共中央宣传部编：《习近平新时代中国特色社会主义思想三十讲》，学习出版社2018年版，第147页。

中体现在新时代如何坚持党的领导、人民当家作主和依法治国有机统一；如何坚持和完善人民当家作主制度体系，包括坚持和完善人民代表大会制度这一根本政治制度、坚持和完善中国共产党领导的多党合作和政治协商制度，巩固和发展最广泛的爱国统一战线，坚持和完善民族区域自治制度，健全充满活力的基层群众自治制度等；如何全面推进依法治国等。2021 年 1 月，人民智库、《国家治理》周刊推出"2021 年国家治理领域值得关注的十个课题"年度特别策划，依托人民论坛全国理论调研基地（点）网络，通过电话、邮件、微信等方式，同 130 余位各领域专家学者进行深度访谈；通过网络问卷，收集全国各地 2000 余名党政干部、企业家和社会各界人士意见建议。在 2020 年度国家治理领域重大理论和实践课题跟踪研究基础上，最终评选出"2021 年国家治理领域值得关注的十个课题"，包括全面建成小康社会后如何更好推进乡村振兴、如何将制度优势更好转化为基层治理效能、"两个大局"下国家治理与全球治理、新发展阶段如何以治理现代化助力高质量发展、党建引领基层治理现代化的创新路径等。正如习近平总书记所说，"发展社会主义民主政治，关键是要增加和扩大我们的优势和特点，而不是要削弱和缩小我们的优势和特点"。[1] 这些课题体现了当前国家治理进程中遇到的困境，为我们深入推进中国特色社会主义政治发展道路提出了挑战。

3. 关于文化建设

党的十八大以来，我国意识形态领域形势发生全局性、根本性转变，文化强国建设过程中的不平衡不充分矛盾体现在如何坚定文化自信、增强文化自觉、实现文化自强之中。

一是明确到 2035 年建成文化强国的远景目标。近年来，我国文化事业发展

---

[1]《习近平关于社会主义政治建设论述摘编》，中央文献出版社 2017 年版，第 17 页。

快速发展，各项事业取得了长足发展，不少文化事业和文化产业的指标跃居世界前列。比如新闻出版、影视创作的规模居世界首位，影响力和质量也在不断提升。[1] 党的十九届五中全会对文化建设高度重视，从战略和全局上作了规划和设计，明确提出 2035 年建成文化强国，这是自十七届六中全会提出建设社会主义文化强国以来，党中央首次明确了建成文化强国的具体时间表。《"十四五"文化和旅游发展规划》提出，到 2025 年我国社会主义文化强国建设取得重大进展，文化事业、文化产业和旅游业高质量发展的体制机制更加完善，治理效能显著提升，人民精神文化生活日益丰富，中华文化影响力进一步提升，中华民族凝聚力进一步增强，文化铸魂、文化赋能和旅游为民、旅游带动作用全面凸显，文化事业、文化产业和旅游业成为经济社会发展和综合国力竞争的强大动力和重要支撑。[2]

二是在主流意识形态建设方面，面临人们思想意识多元多变多样的挑战。新时代我国社会主要矛盾的转变，伴随着不同思想的文化交流交融交锋，西方宪政民主、普世价值、新自由主义、历史虚无主义等思潮竭力争夺意识形态话语权，挑战着中国社会经济发展的思想基础。在主流意识形态建设方面，文化发展的不平衡不充分矛盾，为我们在复杂多变的新形势下凝聚社会主义意识形态、壮大主流思想舆论、落实意识形态工作责任制等提出了挑战。习近平总书记多次谈到思政课建设及其存在的一些问题。2019 年 3 月 18 日，他在学校思想政治理论课教师座谈会上指出，有的地方和学校对思政课重要性认识还不够到位；各类课程同思政课建设的协同效应还有待增强，教师的教书育人意识和能力还有待提高，学校、家庭、社会协同推动思政课建设的合力没有完全形成，

---

[1]《党中央首次明确建成文化强国时间表　2035 年将建成文化强国》，中国网，2020 年 10 月 30 日。

[2]《文化和旅游部 2021 年第二季度例行新闻发布会》，国家文化和旅游部网站，2021 年 6 月 2 日。

全党全社会关心支持思政课建设的氛围不够浓厚。[1]

三是文化产业发展依然任重道远。发展文化事业和文化产业，是满足和丰富人民精神文化生活、推动社会主义文化繁荣兴盛的应有之义。党的十九大报告强调"满足人民过上美好生活的新期待，必须提供丰富的精神食粮"，并对推动文化事业和文化产业发展作出重大部署。尽管近年来我国文化发展取得了显著成绩，但依然面临诸多问题和挑战。2019 年 6 月，受国务院委托，文化和旅游部部长雒树刚向全国人大常委会作《国务院关于文化产业发展工作情况的报告》，其中指出，我国文化产业仍然处于起步阶段，无论是规模总量还是质量效益，无论是对内满足人民需求还是对外扩大文化影响力，都还有很长的路要走。比如文化产业发展存在的高质量文化供给不足、产业发展不平衡、文化企业实力偏弱、创新驱动能力不足、国际市场竞争力不强等突出问题，这一系列问题对推动我国文化产业发展迈上新台阶，建设社会主义文化强国提出了新挑战。

4. 关于社会建设

党的十八大以来，我国社会建设全面加强，人民生活全方位改善，社会治理社会化、法治化、智能化、专业化水平大幅度提升，伴随着我国社会主要矛盾的转化，新时代社会建设工作面临的宏观环境和内在条件都发生了变化，社会发展所面临的一系列新情况新挑战也应运而生。

一是社会发展实现稳步增长。近年来，人民群众基本生活得到切实保障。针对新冠肺炎疫情带来的民生问题，我们党和国家通过加大投入、落实政策、织密扎牢社会保障网，不断提升人民群众获得感幸福感安全感。根据《2020 年国民经济和社会发展计划执行情况与 2021 年国民经济和社会发展计划草案的报

---

[1] 习近平：《思政课是落实立德树人根本任务的关键课程》，《求是》2020 年第 17 期。

告》，2020 年，全国居民人均可支配收入实际增长 2.1%。[1] 在迎来中国共产党成立一百周年的重要时刻，我国脱贫攻坚战取得了全面胜利。2021 年，现行标准下 9899 万农村贫困人口全部脱贫，832 个贫困县全部摘帽，12.8 万个贫困村全部出列，区域性整体贫困得到解决，完成了消除绝对贫困的艰巨任务。[2] 党的十九届五中全会向着更远的目标谋划共同富裕，提出了"全体人民共同富裕取得更为明显的实质性进展"的目标。

二是我国社会结构正在发生深刻变化，互联网深刻改变人类交往方式，社会观念、社会心理、社会行为发生深刻变化，对经济稳定、社会稳定产生一定影响。[3] 如经济方面的反垄断和防止资本无序扩张，以及种子和耕地、大城市住房等问题。民生领域，在教育、收入分配、医疗卫生、民生服务等方面还有不少短板。根据国家发展与改革委员会的数据显示，截至 2020 年 12 月，各区域规模以上工业增加值均保持正增长。东部地区同比增长 8.8%，中部地区增长 6.9%，西部地区增长 4.5%，东北地区增长 8.3%，比全国平均水平（7.3%）分别高 1.5、−0.4、−2.8 和 1 个百分点。[4] 2021 年 1 月 28 日，在十九届中央政治局第二十七次集体学习时，习近平总书记指出，要自觉主动解决地区差距、城乡差距、收入差距等问题，坚持在发展中保障和改善民生，统筹做好就业、收入分配、教育、社保、医疗、住房、养老、扶幼等各方面工作，更加注重向农村、基层、欠发达地区倾斜，向困难群众倾斜，促进社会公平正义，让发展成果更多更公平惠及全体人民。

三是人民对美好生活的新需求为我们促进公平正义、建立可持续的社会保

---

[1] 《关于 2020 年国民经济和社会发展计划执行情况与 2021 年国民经济和社会发展计划草案的报告》，新华网，2021 年 3 月 13 日。
[2] 习近平：《在全国脱贫攻坚总结表彰大会上的讲话》，《人民日报》2021 年 2 月 26 日。
[3] 习近平：《正确认识和把握中长期经济社会发展重大问题》，《求是》2021 年第 2 期。
[4] 数据参见《数据概览：2020 年区域城乡相关数据》，国家发展与改革委员会网站，2021 年 4 月 7 日。

障体系提出了新要求。2021 年 2 月 26 日，中共中央政治局就完善覆盖全民的社会保障体系进行第二十八次集体学习，习近平总书记指出，目前，我国以社会保险为主体，包括社会救助、社会福利、社会优抚等制度在内，功能完备的社会保障体系基本建成，基本医疗保险覆盖 13.6 亿人，基本养老保险覆盖近 10 亿人，是世界上规模最大的社会保障体系。[1] 这为人民创造美好生活奠定了坚实基础。但随着我国社会主要矛盾发生变化和城镇化、人口老龄化、就业方式多样化加快发展，我国社会保障体系仍存在不足。面对改革处于攻坚期和深水区，社会稳定进入风险期，思想观念、社会结构、利益格局等都面临着深刻变化。这也为新时代不断促进社会公平正义，形成有效的社会治理、良好的社会秩序，提出了新挑战和新要求。"十四五"时期如何实现更加充分、更高质量的就业，健全全覆盖、可持续的社保体系，强化公共卫生和疾控体系，促进人口长期均衡发展，加强社会治理，化解社会矛盾，维护社会稳定等都是需要进一步解决的问题。

5. 关于生态文明建设

我国生态文明建设虽然取得了一定成绩，出现了稳中向好趋势，但生态发展的不平衡不充分依然体现在一系列新情况新矛盾之中，资源环境约束趋紧、生态系统退化等问题越来越突出，特别是各类环境污染、生态破坏呈高发态势。

根据 2021 年 5 月国家生态环境部发布的《2020 中国生态环境状况公报》和《2020 年中国海洋生态环境状况公报》，2020 年和"十三五"生态环境重点目标任务均圆满超额完成，全国生态环境质量明显改善。据统计，2020 年，全国 337 个地级及以上城市空气质量平均优良天数比例为 87.0%，比上年上升 5.0 个百分点。其中，京津冀及周边地区"2+26"城市平均优良天数比例为

---

[1] 《完善覆盖全民的社会保障体系　促进社会保障事业高质量发展可持续发展》，《人民日报》2021 年 2 月 28 日。

63.5%，上升 10.4 个百分点；北京市优良天数比例为 75.4%，上升 9.6 个百分点；长三角地区 41 个城市平均优良天数比例为 85.2%，上升 8.7 个百分点；汾渭平原 11 个城市平均优良天数比例为 70.6%，上升 8.9 个百分点。[1] 可以看到，党的十八大以来，以习近平同志为核心的党中央把生态文明建设作为新时代坚持和发展中国特色社会主义一条基本方略，把绿色发展作为一大新发展理念，把污染防治作为三大攻坚战中的一大攻坚战，带领全党全国人民所进行的生态文明建设力度大、举措实、推进快、成效佳。

经过多年快速发展，我国积累下来的资源环境问题也进入了高强度频发的阶段，生态文明建设进入了压力叠加、负重前行的关键时期。习近平总书记多次强调，"我们在生态环境方面欠账太多了，如果不从现在起就把这项工作紧紧抓起来，将来会付出更大的代价"。[2] 数据显示，2020 年，重点水利工程水体三峡库区水质为优；南水北调东线、中线取水口水质为优，输水干线水质均为优良。全国重点流域水生态状况以中等—良好状态为主，优良状态断面（点位）占 35.7%，中等状态占 50.4%，较差及很差状态占 14.0%。全国农用地土壤环境状况总体稳定，影响农用地土壤环境质量的主要污染物是重金属，其中镉为首要污染物。[3] 当前，资源保障能力较弱、环境污染问题严重、生态系统脆弱等问题，都对我们新时代全方位、全地域、全过程推进生态文明建设提出了挑战。

从政治、经济、文化、社会和生态领域的诸多新情况和新矛盾来看，解决发展不平衡不充分矛盾的基本理念正是基于这些现实问题而提出的，是根据新

---

［1］ 数据参见《数据概览：2020 年生态环境相关数据》，国家发展与改革委员会网站，2021 年 4 月 7 日。

［2］《习近平关于全面建成小康社会论述摘编》，中央文献出版社 2016 年版，第 164 页。

［3］ 参见国家生态环境部发布的《2020 中国生态环境状况公报》《2020 年中国海洋生态环境状况公报》，2021 年 5 月。

时代中国特色社会主义的发展环境和发展条件的具体变化，应对发展难题所形成的。

二、解决发展不平衡不充分矛盾的基本战略

我国社会主要矛盾发生深刻变化，从"物质文化需要"到"美好生活需要"，从解决"落后的社会生产"问题到解决"不平衡不充分的发展"问题，适应了我国发展的阶段性要求，体现了党和国家在新时代事业发展战略重点的变化。围绕着解决发展不平衡不充分矛盾的基本理念，需要针对性地提出新思路、新战略和新对策，以更好地回答新时代中国"实现什么样发展、怎样实现发展"这一重大问题。

（一）统筹推进"五位一体"总体布局

为更好地解决发展不平衡不充分矛盾，需统筹推进"五位一体"总体布局，这是对中国共产党推进中国特色社会主义伟大事业的总体性谋划，是党对解决发展不平衡不充分矛盾的顶层设计，是中国特色社会主义事业发展的历史经验的科学总结。

历史地看，中国特色社会主义事业的总体布局经历了从"一个统帅""两个文明""三大纲领""四大建设"，到"五位一体"的发展过程。新中国成立初期的"一个统帅"布局强调政治是统帅，是灵魂，强调必须实行政治和经济的统一、政治和技术的统一，政治工作是一切经济工作的生命线。改革开放初期的"两个文明"布局，强调物质文明和精神文明两手抓，两手都要硬。党的十二届六中全会首次提出"社会主义现代化建设的总体布局"概念，并初步确立我国社会主义现代化建设的总体布局，这就是："以经济建设为中心，坚定不移地进行经济体制改革，坚定不移地进行政治体制改革，坚定不移地加强精神文明建

设，并且使这几个方面互相配合，互相促进。"[1] 21 世纪初的"三大纲领"布局，强调物质文明、精神文明、政治文明一起抓。十五大、十六大进一步明确了中国特色社会主义经济、政治、文化全面建设、全面发展的目标和要求，深化了对总体布局的认识。十七大提出"四大建设"布局，强调社会主义经济建设、政治建设、文化建设、社会建设"四位一体"布局，顺应了当时解决种种社会问题的实践要求。

随着中国特色社会主义步入多元复合转型的重要战略机遇期，经济社会的发展面临诸多矛盾叠加、风险隐患加剧的情况。党的十八大以来，以习近平同志为核心的党中央总结历史经验，坚持科学发展，统筹推进经济建设、政治建设、文化建设、社会建设、生态文明建设。"五位一体"总体布局，涉及生产力与生产关系、经济基础与上层建筑各个环节，贯通社会主义现代化建设各个方面。从"一个统帅""两个文明""三大纲领""四大建设"，到"五位一体"，体现了我们党的社会主义实践和认识的不断深化。习近平新时代中国特色社会主义思想深刻阐明了统筹推进"五位一体"总体布局的目标方向和战略部署，阐明了解决发展不平衡不充分矛盾的基本战略和对策。

1. 经济建设

解决经济发展不平衡不充分矛盾，需要加快适应、把握、引领经济发展新常态，坚持新发展理念，大力推进供给侧结构性改革，优化经济结构，加快建设现代化经济体系，建设创新型国家，推动形成全面开放新格局，实现经济高质量发展。

2021 年以来，习近平总书记多次谈到，"要推动形成以国内大循环为主体、国内国际双循环相互促进的新发展格局"。[2] 这个新发展格局是根据我国发展阶

---

［1］《十二大以来重要文献选编》(下)，人民出版社 1988 年版，第 1173—1174 页。
［2］习近平：《正确认识和把握中长期经济社会发展重大问题》，《求是》2021 年第 2 期。

段、环境、条件的新变化提出来的，是重塑我国国际合作和竞争新优势的战略抉择。其一，进一步以科技创新催生新发展动能，实现经济高质量发展和建设创新型国家。习近平总书记指出，"实现高质量发展，必须实现依靠创新驱动的内涵型增长。我们更要大力提升自主创新能力，尽快突破关键核心技术"。[1] 这是当前形成以国内大循环为主体的新发展格局的关键，也是关系到我国发展全局的重大问题。2020 年 5 月 23 日，习近平总书记在看望参加政协会议的经济界委员时，强调坚持用全面辩证长远眼光分析经济形势，努力在危机中育新机，于变局中开新局。他还特别提出，"面向未来，我们要把满足国内需求作为发展的出发点和落脚点，加快构建完整的内需体系，大力推进科技创新及其他各方面创新，加快推进数字经济、智能制造、生命健康、新材料等战略性新兴产业，形成更多新的增长点、增长极，着力打通生产、分配、流通、消费各个环节，逐步形成以国内大循环为主体、国内国际双循环相互促进的新发展格局，培育新形势下我国参与国际合作和竞争新优势"。[2]

其二，进一步推进供给侧结构性改革。推进供给侧结构性改革，是适应和引领经济发展新常态的重大创新。习近平总书记多次指出，当前和今后一个时期，我国经济发展面临的问题，供给和需求两侧都有，但矛盾的主要方面在供给侧。比如，我国一些行业和产业产能严重过剩，而同时大量关键装备、核心技术、高端产品还依赖进口，国内庞大的市场没有掌握在我们自己手中。[3] 2020 年中央经济工作会议强调，要紧紧扭住供给侧结构性改革这条主线，注重需求侧管理，打通堵点，补齐短板，贯通生产、分配、流通、消费各环节，形成需求牵引供给、供给创造需求的更高水平动态平衡，提升国民经济体系整体效

---

［1］习近平：《正确认识和把握中长期经济社会发展重大问题》，《求是》2021 年第 2 期。

［2］万喆：《打通"国内大循环"，以内需提升经济"免疫力"》，新京报网，2020 年 5 月 24 日。

［3］《习近平谈治国理政》第 2 卷，外文出版社 2017 年版，第 253 页。

能。[1] 可以看到，供给侧结构性改革的进一步推进，离不开用改革的办法推进结构调整，减少无效和低端供给，扩大有效和中高端供给，增强供给结构对需求变化的适应性和灵活性，提高全要素生产率。[2] 从解放和发展社会生产力出发，才能使我国供给能力更好满足广大人民日益增长、不断升级和个性化的物质文化和生态环境需要。

其三，进一步全面推进改革开放。构建新发展格局，必须构建高水平社会主义市场经济体制，实行高水平对外开放，推动改革和开放相互促进。为此，下一阶段经济工作重点应集中在完善宏观经济治理，加强国际宏观政策协调。要深入实施国企改革三年行动，优化民营经济发展环境，健全现代企业制度，完善公司治理，激发各类市场主体活力。要放宽市场准入，促进公平竞争，保护知识产权，建设统一大市场，营造市场化、法治化、国际化营商环境。要健全金融机构治理，促进资本市场健康发展，提高上市公司质量，打击各种逃废债行为。要规范发展第三支柱养老保险。要积极考虑加入全面与进步跨太平洋伙伴关系协定。要大力提升国内监管能力和水平，完善安全审查机制，重视运用国际通行规则维护国家安全。[3] 在此基础上，有助于更加主动参与和积极推动经济全球化进程，发展更高层次的开放型经济，推动形成全面开放新格局。

2. 政治建设

解决政治发展不平衡不充分矛盾，需要进一步坚持党的领导、人民当家作主、依法治国的有机统一，健全人民当家作主制度体系，完善基层民主制度，健全协商民主制度，巩固和发展爱国统一战线，健全党和国家监督体系，加强对权力的制约和监督，全面推进依法治国。

其一，进一步健全和完善人民当家作主的制度体系。在庆祝全国人民代表

---

[1][3]《中央经济工作会议在北京举行》，《人民日报》2020年12月19日。
[2]《习近平谈治国理政》第2卷，外文出版社2017年版，第252页。

大会成立六十周年大会上，习近平总书记指出，评价一个国家政治制度是不是民主的、有效的，主要看国家领导层能否依法有序更替，全体人民能否依法管理国家事务和社会事务、管理经济和文化事业，人民群众能否畅通表达利益要求，社会各方面能否有效参与国家政治生活，国家决策能否实现科学化、民主化，各方面人才能否通过公平竞争进入国家领导和管理体系，执政党能否依照宪法法律规定实现对国家事务的领导，权力运用能否得到有效制约和监督。[1]经过长期努力，我们在解决这些重点问题上都取得了决定性进展。中国实行工人阶级领导的、以工农联盟为基础的人民民主专政的国体，实行人民代表大会制度的政体，实行中国共产党领导的多党合作和政治协商制度，实行民族区域自治制度，实行基层群众自治制度，具有鲜明的中国特色。

其二，进一步深化依法治国实践。党的十九大报告指出，全面依法治国是国家治理的一场深刻革命，必须坚持厉行法治，推进科学立法、严格执法、公正司法、全民守法。[2]2018 年 8 月，中央全面依法治国委员会成立，这是党在历史上第一次设立相关机构，旨在加强党对全面依法治国的集中统一领导，统筹推进全面依法治国工作。在中央全面依法治国委员会第一次会议上，习近平总书记谈到，必须坚持实现党领导立法、保证执法、支持司法、带头守法，健全党领导全面依法治国的制度和工作机制，通过法定程序使党的主张成为国家意志、形成法律，通过法律保障党的政策有效实施，确保全面依法治国正确方向。要研究制定法治中国建设规划，全面贯彻实施宪法，推进科学立法工作，加强法治政府建设，深化司法体制改革，推进法治社会建设，加强法治工作队

[1] 习近平:《在庆祝全国人民代表大会成立六十周年大会上的讲话》,《求是》2019 年 9 月 16 日。
[2] 习近平:《决胜全面建成小康社会　夺取新时代中国特色社会主义伟大胜利——在中国共产党第十九次全国代表大会上的报告》,《人民日报》2017 年 10 月 28 日。

伍建设和法治人才培养。[1]

其三，进一步推进国家治理体系和治理能力现代化。国家治理的理论与经验证明，制度选择的好坏直接关系到现代国家建设与成长，根据林尚立的判断，制度选择的好坏的标准就三个：一是是否具有现代性；二是是否具有适应性；三是是否具有有效性。[2] 2019年10月，党的十九届四中全会提出，坚持和完善中国特色社会主义制度、推进国家治理体系和治理能力现代化的总体目标是，到我们党成立一百年时，在各方面制度更加成熟更加定型上取得明显成效；到二〇三五年，各方面制度更加完善，基本实现国家治理体系和治理能力现代化；到新中国成立一百年时，全面实现国家治理体系和治理能力现代化，使中国特色社会主义制度更加巩固、优越性充分展现。国家治理体系和治理能力现代化的推进，在基于制度现代性、适应性和有效性的基础上，还需要基于中国发展的政治逻辑与现代文明要求的有机结合，在此基础上，才能更好地巩固中国特色社会主义政治制度，体现社会主义的优越性。

3. 文化建设

解决文化发展不平衡不充分矛盾，需要进一步坚定文化自信，牢牢掌握意识形态工作领导权，培育和践行社会主义核心价值观，加强思想道德建设，繁荣发展社会主义文艺，推动文化事业和文化产业发展，建设社会主义文化强国。

其一，坚定文化自信，凸显出中国特色社会主义的文化根基、文化价值和文化理想。2005年8月12日，习近平在《浙江日报》"之江新语"专栏刊发的《文化是灵魂》一文中写道："文化的力量，或者我们称之为构成综合竞争力的文化软实力，总是'润物细无声'地融入经济力量、政治力量、社会力量

---

[1]《习近平：加强党对全面依法治国的集中统一领导　更好发挥法治固根本稳预期利长远的保障作用》，新华网，2018年8月24日。

[2] 林尚立：《当代中国政治：基础与发展》，中国大百科全书出版社2016年版，第388页。

之中，成为经济发展的'助推器'、政治文明的'导航灯'、社会和谐的'黏合剂'。"[1]2021年，在中国共产党成立一百周年前夕，党中央印发了《关于在全党开展党史学习教育的通知》。在全党开展党史学习教育，是党中央立足党的百年历史新起点，统筹中华民族伟大复兴战略全局和世界百年未有之大变局，为动员全党全国满怀信心投身全面建设社会主义现代化国家而作出的重大决策。习近平总书记指出，"要了解我们党和国家事业的来龙去脉，汲取我们党和国家的历史经验，正确了解党和国家历史上的重大事件和重要人物。这对正确认识党情、国情十分必要，对开创未来也十分必要。要围绕中国共产党为什么'能'、马克思主义为什么'行'、中国特色社会主义为什么'好'等重大问题，广泛开展宣传教育，加强思想舆论引导，坚定广大干部群众对中国特色社会主义的道路自信、理论自信、制度自信、文化自信，进一步激发全体人民爱党、爱国、爱社会主义的巨大热情"。[2]党的百年奋斗历程和伟大成就的学习和教育就是我们增强"四个自信"最坚实的基础。

其二，加快构建中国特色哲学社会科学。2016年5月17日，习近平总书记在哲学社会科学工作座谈会上指出，要围绕我国和世界发展面临的重大问题，着力提出能够体现中国立场、中国智慧、中国价值的理念、主张、方案。我们不仅要让世界知道"舌尖上的中国"，还要让世界知道"学术中的中国""理论中的中国""哲学社会科学中的中国"，让世界知道"发展中的中国""开放中的中国""为人类文明作贡献的中国"。[3]2021年5月，习近平总书记在给《文史哲》编辑部全体编辑人员的回信中谈到，"增强做中国人的骨气和底气，让世界更好认识中国、了解中国，需要深入理解中华文明，从历史和现实、理论和实践相

[1]习近平：《之江新语》，浙江人民出版社2007年版，第149页。
[2]习近平：《以史为镜、以史明志 知史爱党、知史爱国》，《求是》2021年第12期。
[3]习近平：《坚定文化自信，建设社会主义文化强国》，《求是》2019年第12期。

结合的角度深入阐释如何更好坚持中国道路、弘扬中国精神、凝聚中国力量。回答好这一重大课题，需要广大哲学社会科学工作者共同努力"。[1] 加快构建中国特色哲学社会科学，要把坚持马克思主义和发展马克思主义统一起来，增强问题意识，聆听时代声音，回应时代呼唤，认真研究我国发展和党执政面临的重大理论和实践问题，增强哲学社会科学的发展活力。

其三，进一步推动文化事业和文化产业的发展。根据《"十四五"文化和旅游发展规划》，"十四五"时期文化和旅游发展的重点任务是全面推进"一个工程、七大体系"，包括实施社会文明促进和提升工程、构建新时代艺术创作体系、完善文化遗产保护传承利用体系、健全现代公共文化服务体系、健全现代文化产业体系、完善现代旅游业体系、完善现代文化和旅游市场体系、建设对外和对港澳台文化交流和旅游推广体系。[2] 结合当前文化事业和文化产业发展的现实，应更关注融合发展的新业态，更注重"文化＋科技"的发展大势，通过促进创意设计服务与制造、建筑、信息、农业、体育、健康等产业深度融合，拓展文化产业发展空间，在融合中优化结构、提质增效。

4. 社会建设

解决社会发展不平衡不充分矛盾，需要进一步保障和改善民生，解决好人民最关心最直接最现实的利益问题，加强和创新社会治理，打造共建共治共享的社会治理格局，有效维护国家安全。

其一，推动社会治理新格局的形成。党的十九届五中全会明确了"十四五"时期我国社会保障事业发展的蓝图。习近平总书记强调："要树立战略眼光，顺应人民对高品质生活的期待，适应人的全面发展和全体人民共同富裕的进程，

---

[1]《习近平给〈文史哲〉编辑部全体编辑人员回信》，《人民日报》2021年5月11日。
[2]《文化和旅游部2021年第二季度例行新闻发布会》，国家文化和旅游部网站，2021年6月2日。

不断推动幼有所育、学有所教、劳有所得、病有所医、老有所养、住有所居、弱有所扶取得新进展。要增强风险意识，研判未来我国人口老龄化、人均预期寿命提升、受教育年限增加、劳动力结构变化等发展趋势，提高工作预见性和主动性。"[1] 一个现代化的社会，应该既充满活力又拥有良好秩序，呈现出活力和秩序有机统一。[2] 为此，一方面，需要进一步完善社会治理制度，充分实现政府治理与社会调节、居民自治之间的良性互动，建设人人有责、人人尽责、人人享有的社会治理共同体；另一方面，需要进一步加强和创新基层社会治理，这意味着致力于提升社会治理的创造力和创新力，把发展不平衡不充分矛盾化解在基层，促进人的全面发展和社会全面进步。

其二，进一步保障和改善民生问题。在 2021 年 4 月 30 日召开的中共中央政治局会议上，习近平总书记分析研究当前经济形势和经济工作时指出，"要保障和改善民生，强化就业优先政策，做好高校毕业生等重点群体就业，巩固拓展脱贫攻坚成果，在乡村振兴中持续改善脱贫人口生活，做好重要民生商品保供稳价。要坚持房子是用来住的、不是用来炒的定位，增加保障性租赁住房和共有产权住房供给，防止以学区房等名义炒作房价。要坚持不懈抓好安全生产。要始终绷紧疫情防控这根弦，坚持外防输入、内防反弹，抓好疫苗接种，推进疫情国际联防联控"。[3] 以教育、就业、收入分配、社会保障、医药卫生、住房等为主要内容的基本民生，是广大人民群众最关心最直接最现实的利益问题，也是当前社会发展不平衡不充分矛盾的集中所在，为此，要通过持续不断地保障和改善民生，在发展中实现经济发展与改善民生之间的良性循环。

[1]《完善覆盖全民的社会保障体系 促进社会保障事业高质量发展可持续发展》，《人民日报》2021 年 2 月 28 日。
[2] 习近平：《正确认识和把握中长期经济社会发展重大问题》，《求是》2021 年第 2 期。
[3]《分析研究当前经济形势和经济工作 听取第三次全国国土调查主要情况汇报 审议〈中国共产党组织工作条例〉》，《人民日报》2021 年 5 月 1 日。

其三，进一步巩固脱贫攻坚成果。"消除贫困、改善民生、实现共同富裕，是社会主义的本质要求。"[1] 脱贫攻坚战的全面胜利，标志着我们党在团结带领人民创造美好生活、实现共同富裕的道路上迈出了坚实的一大步。2021 年 2 月，在全国脱贫攻坚总结表彰大会上，习近平总书记指出，解决发展不平衡不充分问题、缩小城乡区域发展差距，要切实做好巩固拓展脱贫攻坚成果同乡村振兴有效衔接各项工作，让脱贫基础更加稳固、成效更可持续。对易返贫致贫人口要加强监测，做到早发现、早干预、早帮扶。对脱贫地区产业要长期培育和支持，促进内生可持续发展。对易地扶贫搬迁群众要搞好后续扶持，多渠道促进就业，强化社会管理，促进社会融入。对脱贫县要扶上马送一程，设立过渡期，保持主要帮扶政策总体稳定。要坚持和完善驻村第一书记和工作队、东西部协作、对口支援、社会帮扶等制度，并根据形势和任务变化进行完善。适时组织开展巩固脱贫成果后评估工作，压紧压实各级党委和政府巩固脱贫攻坚成果责任，坚决守住不发生规模性返贫的底线。[2] 一系列巩固脱贫成果的实施和规划，将有助于进一步推进全面脱贫与乡村振兴有效衔接，切实解决发展不平衡不充分的矛盾。

5. 生态文明建设

解决生态发展不平衡不充分矛盾，需要进一步推进绿色发展，建设美丽中国，加强生态文明制度建设，加大生态系统保护力度，着力解决突出环境问题，形成节约资源和保护环境的空间格局、产业结构、生产方式、生活方式。

其一，扎实开展碳达峰、碳中和工作。加强顶层设计和统筹谋划，研究出台做好碳达峰碳中和工作指导意见。坚持推进节能减排，完善能源消费总量和强度双控制度，实施"十四五"节能减排综合工作方案，加强重点领域节能，

[1]《习近平谈治国理政》第 1 卷，外文出版社 2018 年版，第 189 页。
[2] 习近平：《在全国脱贫攻坚总结表彰大会上的讲话》，《人民日报》2021 年 2 月 26 日。

加快建设全国用能权交易市场。

其二，深入打好污染防治攻坚战。巩固蓝天、碧水、净土保卫战成果，加强细颗粒物（PM2.5）、臭氧（O₃）等多污染物协同控制，北方地区清洁取暖率达到 70%，加快淘汰报废老旧柴油货车，强化区域大气污染防治协作，聚焦长江、黄河、粤港澳大湾区等重点流域和海湾，推进美丽河湖、美丽海湾保护和建设，持续推动城市和农村黑臭水体治理。

其三，加快推动形成绿色生产生活方式。深入推进国家生态文明试验区建设。大力发展循环经济，加快构建废旧物资循环利用体系。扩大环境保护、节能节水等企业所得税优惠目录范围，促进新型节能环保技术、装备和产品研发应用，培育壮大节能环保产业。大力促进资源节约集约高效利用，推动大宗固体废弃物资源综合利用，持续推进危险废弃物环境风险排查整治，强化环境风险评估与管控。推进垃圾分类和减量化、资源化，稳步推开"无废城市"建设。推动节水型城市建设，推进海水淡化规模化利用示范。开展绿色社区创建行动，提倡"厉行节约、反对浪费"的社会风尚。

其四，提升生态系统质量。制定生态保护红线监管办法，出台生态保护补偿条例，统筹推进生态环境损害赔偿制度改革。优化国家生态安全屏障体系，坚持山水林田湖草系统治理，实施全国重要生态系统保护和修复重大工程，统筹开展大规模国土绿化行动，科学推进荒漠化、石漠化、水土流失综合治理，加强重大战略区域重要湿地保护，强化海岸带生态保护和修复。[1] 通过建立完善生态文明领域统筹协调机制，针对生态领域发展不平衡不充分的矛盾持续精准发力，进一步改善生态环境质量，促进经济社会发展全面绿色转型。

经济、政治、社会、文化和生态文明"五位一体"总体布局在新时代的形

---

[1] 参见《关于 2020 年国民经济和社会发展计划执行情况与 2021 年国民经济和社会发展计划草案的报告》，新华网，2021 年 3 月 13 日。

成和深入推进，是解决发展不平衡不充分矛盾的要求，体现着中国共产党在推进社会主义建设经验上的不断积累、认识上的不断升华。

（二）围绕高质量发展统筹谋划改革

党的十九大进一步明确指出："我国经济已由高速增长阶段转向高质量发展阶段"，这是现阶段我国经济发展的基本特征。这不仅意味着经济增长速度会从原来的高速增长转向中高速增长，也意味着经济发展处在转变发展方式、优化经济结构、转换增长动力的攻关期。

高质量发展，就其内涵而言，可以从经济系统的静态和动态两方面进行解读。从静态的经济学分层视角出发，高质量发展涵盖了微观、中观、宏观三个层面。微观层面的高质量是指高端的产品和服务质量，包括一流的企业竞争力、品牌影响力、产品性能和创新能力；中观层面的高质量是指较好的产业经济效益，包括合理的产业结构、优化的产业布局，不断进行产业转型升级和提质增效；宏观层面的高质量是指良好的国民经济发展，包括经济平稳增长、区域城乡发展均衡，以创新为动力实现可持续发展，让经济发展成果更多更公平地惠及全体人民。从动态的经济循环视角，高质量发展涵盖了供给、需求、配置、投入产出、社会分配和经济循环等环节。[1] 当前，我国社会主要矛盾已经转化为人民日益增长的美好生活需要和不平衡不充分的发展之间的矛盾，发展中的矛盾和问题集中体现在发展质量上。经济社会发展以推动高质量发展为主题，是根据我国发展阶段、发展环境、发展条件变化作出的科学判断，是保持经济持续健康发展的必然要求，是适应我国社会主要矛盾变化和全面建成小康社会、全面建设社会主义现代化国家的必然要求，是遵循经济发展规律的必然要求。党的十九届六中全会通过的《中共中央关于党的百年奋斗重大成就和历史经验

---

[1]　李伟:《高质量发展有六大内涵》,《人民日报（海外版）》2018 年 1 月 22 日。

的决议》强调，必须实现创新成为第一动力、协调成为内生特点、绿色成为普遍形态、开放成为必由之路、共享成为根本目的的高质量发展，推动经济发展质量变革、效率变革、动力变革。围绕高质量发展统筹谋划改革是解决发展不平衡不充分矛盾的重要保障，高质量发展的实现路径主要包含以下几个方面。

1. 推进国家治理体系和治理能力现代化，高质量发展中国特色社会主义制度

"今天，摆在我们面前的一项重大历史任务，就是推动中国特色社会主义制度更加成熟更加定型，为党和国家事业发展、为人民幸福安康、为社会和谐稳定、为国家长治久安提供一整套更完备、更稳定、更管用的制度体系。"[1] 为完善和高质量发展中国特色社会主义制度，解决发展不平衡不充分矛盾，一方面，要致力于在新时代切实推进中国特色社会主义制度和国家治理体系建设。国家治理体系和治理能力是一个国家的制度和制度执行能力的集中体现。有了好的国家治理体系才能提高治理能力，提高国家治理能力才能充分发挥国家治理体系的效能。其中的关键在于凸显中国特色社会主义制度的"政治之维"和"治理之维"，围绕制度的执行力和治理效力，在推进提升国家治理体系和治理能力现代化的过程中完善和发展中国特色社会主义制度，化解或解决社会在发展进程中产生的矛盾、冲突和问题。

另一方面，要注重高质量发展中国特色社会主义制度。党的十八大以来，以习近平同志为核心的党中央统筹推进经济、政治、文化、社会、生态文明等各领域体制机制改革，涉及范围之广、出台方案之多、触及利益之深、推进力度之大前所未有。但是，相比我国经济社会发展和人民群众的要求，相比当今世界日趋激烈的国际竞争，相比实现国家长治久安，我国在国家治理体系和治理能力方面还有许多亟待改进的地方，制度还没有达到完全成熟定型的要求，

[1]《习近平谈治国理政》第 1 卷，外文出版社 2018 年版，第 104—105 页。

有些方面可能成为制约发展和稳定的重要因素。这在一定程度上也制约了中国特色社会主义制度的高质量发展。2019 年 10 月召开的十九届四中全会从坚持和完善党的领导制度体系等十三个方面，就如何坚持和完善中国特色社会主义制度、推进国家治理体系和治理能力现代化作出部署。这就进一步明确了新时代推进国家治理体系和治理能力现代化、全面深化改革总目标的内在逻辑以及未来发展的思路，为高质量发展奠定坚实的制度基础。

2. 积极推进供给侧结构性改革，高质量引领经济发展

中国经济发展进入新常态，这是中国经济向形态更高级、分工更优化、结构更合理阶段演进的必经过程。要在新常态下保持经济中高速增长，必须依靠改革。[1] 为高质量发展中国经济，从供给侧改革入手解决发展不平衡不充分矛盾，主要侧重于三个方面。其一，提高供给体系质量和效率。按照党的十九大的部署，经济的发展应致力于把提高供给体系质量作为主攻方向，着力去产能、去库存、去杠杆、降成本、补短板，同时还要重点在"破""立""降"上下功夫。在适度扩大总需求的同时，着力加强供给侧结构性改革，着力提高供给体系质量和效率，增强经济持续增长动力，推动我国社会生产力水平实现整体跃升。

其二，切实推进实体经济的发展，产业结构调整迈出新步伐。根据《2020 年国民经济和社会发展计划执行情况与 2021 年国民经济和社会发展计划草案的报告》，持续深化供给侧结构性改革，主要侧重于扎实推进制造业高质量发展、增强制造业核心竞争力；积极构建优质高效、竞争力强的服务产业体系；有力保障粮食安全和农副产品市场供应；提升能源安全保障能力，进一步提升经济质量效益和核心竞争力。

[1] 习近平：《中国发展新起点，全球增长新蓝图》，《人民日报》2016 年 9 月 4 日。

其三，确保经济循环的畅通无阻。一方面，需要继续完成"三去一降一补"的重要任务，"全面优化升级产业结构，提升创新能力、竞争力和综合实力，增强供给体系的韧性，形成更高效率和更高质量的投入产出关系，实现经济在高水平上的动态平衡"。[1] 另一方面，需要解决结构性失衡的问题。习近平总书记指出："我国经济运行面临的突出矛盾和问题，虽然有周期性、总量性因素，但根源是重大结构性失衡。"[2] 解决结构性失衡，必须从供给侧、结构性改革上想办法、定政策，用改革的办法推进结构调整，减少无效和低端供给，扩大有效和中高端供给，增强供给结构对需求变化的适应性和灵活性。因循守旧没有出路，畏缩不前坐失良机。中国改革的方向已经明确、不会动摇；中国改革的步伐将坚定向前、不会放慢。只有解决好供给侧的问题，才能从根本上推动宏观经济高质量发展。

3. 创新和完善宏观调控，高质量发挥国家发展规划的战略导向作用

2008 年全球金融危机爆发，既是资本主义基本矛盾激化的结果，也是资本主义市场经济高度依赖市场机制自发作用、极端轻视和削弱政府干预的直接后果。资本主义市场经济并不像西方经济学教科书里描述的那般美妙，它严重扭曲了政府与市场的关系，资源配置效率低下。习近平总书记指出："更好发挥政府作用，不是要更多发挥政府作用，而是要在保证市场发挥决定性作用的前提下，管好那些市场管不了或管不好的事情。"[3] 为高质量发挥国家发展规划的战略导向作用，解决发展不平衡不充分的矛盾，要侧重于两个方面。一方面，高质量提升政府治理的有效性。2020 年 7 月，在党的十九届五中全会召开之际，

---

[1] 《习近平在省部级主要领导干部学习贯彻党的十九届五中全会精神专题研讨班开班式上发表重要讲话》，新华网，2021 年 1 月 11 日。

[2] 《习近平关于社会主义经济建设论述摘编》，中央文献出版社 2017 年版，第 113 页。

[3] 中共中央宣传部编：《习近平新时代中国特色社会主义思想三十讲》，学习出版社 2018 年版，第 147 页。

习近平总书记组织中央政治局召开会议，部署下半年经济工作。会上，他强调，要确保宏观政策落地见效。财政政策要更加积极有为、注重实效。要保障重大项目建设资金，注重质量和效益。货币政策要更加灵活适度、精准导向。要保持货币供应量和社会融资规模合理增长，推动综合融资成本明显下降。要确保新增融资重点流向制造业、中小微企业。宏观经济政策要加强协调配合，促进财政、货币政策同就业、产业、区域等政策形成集成效应。[1]

另一方面，高质量提升宏观调控的科学性。用中长期规划指导经济社会发展，是我们党治国理政的一种重要方式。从 1953 年开始，我国已经编制实施了 14 个五年规划（计划），其中改革开放以来编制实施 9 个，有力推动了经济社会发展、综合国力提升、人民生活改善，创造了经济快速发展奇迹和社会长期稳定奇迹。实践证明，中长期发展规划既能充分发挥市场在资源配置中的决定性作用，又能更好发挥政府作用，有助于更高质量地发挥国家发展规划的战略导向作用。2020 年，为应对国内外环境的新变化、推动高质量发展的新要求，以及解决宏观调控中的新问题，在"十四五"规划出台前期，习近平总书记组织了多次座谈与调研，听取相关专家对"十四五"时期发展环境、思路、任务、举措提出的意见和建议。这在之前的规划制定过程中并不多见。此举也大大提升了宏观调控的科学性，有利于在未来五年更好地运用总量调控和结构调控政策，促进发展规划、财政、货币、产业、区域、消费、投资等政策有效协同；有针对性地围绕制约经济社会发展的重大问题，提出高质量的解决方案。科学的宏观调控、有效的政府治理，是发挥社会主义市场经济体制优势的内在要求，也是高质量发挥国家发展规划的战略导向作用的重要保证。

---

[1]《中共中央政治局召开会议　决定召开十九届五中全会　分析研究当前经济形势和经济工作　中共中央总书记习近平主持会议》，新华网，2020 年 7 月 30 日。

4. 积极扩大和深化对外开放，高质量推动形成全面开放新格局

2020 年 8 月 24 日，习近平总书记在经济社会领域专家座谈会上指出，"国际经济联通和交往仍是世界经济发展的客观要求。我国经济持续快速发展的一个重要动力就是对外开放。"[1] 当前百年变局和世纪疫情交织叠加，世界进入动荡变革期，我国对外开放面临的国际国内形势正在发生深刻复杂变化，不稳定性不确定性显著上升。为高质量推动形成全面开放新格局，解决发展不平衡不充分矛盾，主要侧重于以下几个方面。其一，扎实推进"一带一路"建设。同各方继续高质量共建"一带一路"，践行共商共建共享原则，弘扬开放、绿色、廉洁理念，努力实现高标准、惠民生、可持续目标。包括建设更紧密的卫生合作伙伴关系、互联互通伙伴关系、绿色发展伙伴关系、开放包容伙伴关系，为人类走向共同繁荣作出积极贡献。据统计，2020 年前 8 个月，中国与"一带一路"合作伙伴贸易额达 5.86 万亿元。截至 2020 年 11 月初，中欧班列开行突破一万列，运送集装箱数量同比增长 50% 以上。[2]

其二，推进贸易强国建设。拓展对外贸易，加快转变贸易发展方式，从以货物贸易为主向货物和服务贸易协调发展转变，从依靠模仿跟随向依靠创新创造转变，从大进大出向优质优价、优进优出转变。中国从 2018 年开始举办中国国际进口博览会，这是世界上第一个以进口为主题的国家级展会，是国际贸易发展史上的一大创举。从 60 多年前启幕的广交会，到 2012 年开始的服贸会，再到进博会，从"卖全球"到"买全球"，中国经济的发展之路，就是融入世界经济大循环并以自身发展促进共同发展的历程。

其三，积极营造国际一流营商环境。在更大范围、更宽领域、更深层次上

---

[1] 习近平：《正确认识和把握中长期经济社会发展重大问题》，《求是》2021 年第 2 期。
[2] 《东风浩荡万里澄——写在习近平主席在联合国日内瓦总部发表历史性演讲四周年之际》，新华网，2021 年 1 月 17 日。

提高开放型经济水平。2019 年 10 月 24 日，世界银行发布《2020 年营商环境报告》，中国营商环境排名由第 46 位上升到第 31 位，提升 15 位。[1] 2019 年 3 月通过的《外商投资法》，确立了中国外商投资法律制度的基本框架，对外商投资的准入、促进、保护和管理等进行了统一规定。2019 年 10 月有关部门公布了《优化营商环境条例》。这是中国打造法治化、国际化、便利化营商环境的重要举措。第三届中国国际进口博览会前，有海外媒体提出，新发展格局是否意味着中国将改变现行开放政策？2020 年 11 月 4 日的开幕式上，习近平总书记的回答鲜明有力：新发展格局"决不是封闭的国内循环，而是更加开放的国内国际双循环，不仅是中国自身发展需要，而且将更好造福各国人民"。[2] 这意味着，积极扩大和深化对外开放，高质量推动形成全面开放新格局，不是要一家唱独角戏，而是要欢迎各方共同参与；不是要谋求势力范围，而是要支持各国共同发展；不是要营造自己的后花园，而是要建设各国共享的百花园。

其四，优化区域开放布局、统筹多双边和区域开放合作，打造对外开放新高地。协调发展东西部地区，支持多边贸易体制，促进自由贸易区建设，推动建设开放型世界经济。根据《关于 2020 年国民经济和社会发展计划执行情况与 2021 年国民经济和社会发展计划草案的报告》，相关举措包括赋予自贸试验区更大改革自主权，狠抓改革试点任务落实，推动形成更多可复制可推广的制度创新成果。推动海关特殊监管区域与自贸试验区统筹发展。稳步推进海南自由贸易港建设，推动各项早期政策安排落地实施，推动出台海南自由贸易港法，积极推进国际旅游消费中心建设。提高沿边开发开放水平，支持沿边重点开发

---

[1] 中共中央党校（国家行政学院）：《习近平新时代中国特色社会主义思想基本问题》，人民出版社、中共中央党校出版社 2020 年版，第 187 页。

[2] 《万里写入胸怀间——记习近平主席三届进博会主旨演讲》，《人民日报》2020 年 11 月 11 日。

开放试验区建设。全面深化服务贸易创新发展试点，新增一批服务外包示范城市。[1]

对外开放是基本国策，为高质量推动形成全面开放新格局，需建设更高水平开放型经济新体制，形成国际合作和竞争新优势。扩大对外开放的范围，拓宽对外开放的领域，加深对外开放的层次，创新对外开放的方式，优化对外开放的布局，进而提升对外开放的质量。

5. 加快推进生态文明建设，保障高质量的生态环境

随着物质生活水平的提升，人们必然要追求更高层次、更高水平的生活状态，这是历史前进的必然逻辑，也是人类社会发展进步的必然规律。党的十九大明确了在21世纪中叶建成富强民主文明和谐美丽的社会主义现代化强国的宏伟目标，为走向生态文明新时代、建设美丽中国指明了前进方向和实现路径。为推动形成高质量的生态环境，解决生态发展不平衡不充分的矛盾，主要侧重于以下几个方面。其一，推进高质量的绿色发展，实现生产方式和生活方式的转型。绿色发展是新发展理念的重要组成部分。"十四五"时期，我国的生态文明建设进入了以降碳为重点战略方向、推动减污降碳协同增效、促进经济社会发展全面绿色转型、实现生态环境质量改善由量变到质变的关键时期。为此，需致力于形成节约资源和保护环境的空间格局、产业结构、生产方式、生活方式，建立健全绿色低碳循环的经济体系。

其二，着力解决损害群众健康的突出环境问题。生态文明建设是高质量发展的重要条件，良好的生态环境本身就是高质量发展的成果。据《2019年全国耕地质量等级情况公报》，2019年我国耕地平均质量等级为4.76等，其中评为一至三等的耕地面积为6.32亿亩，只占耕地总面积的31.24%，评价为四至六

---

[1]《关于2020年国民经济和社会发展计划执行情况与2021年国民经济和社会发展计划草案的报告》，新华网，2021年3月13日。

等的耕地面积为 9.47 亿亩，占耕地总面积的 46.81%；评价为七至十等的耕地面积为 4.44 亿亩，占耕地总面积的 21.95%，[1] 综合来看，我国耕地质量总体不高。打造高质量的生态环境，要从影响群众生活最突出的事情做起，聚焦问题，比如土壤等与人民群众身体健康息息相关的问题，保障农产品安全和人居环境健康。

其三，加快推进生态环境的高质量保护和修复。2021 年 6 月，习近平总书记在青海考察时指出，要落实好国家生态战略，总结三江源等国家公园体制试点经验，加快构建起以国家公园为主体、自然保护区为基础、各类自然公园为补充的自然保护地体系，守护好自然生态，保育好自然资源，维护好生物多样性。[2] 为提升生态环境保护和修复的质量，需构建生态廊道和生物多样性保护网络，积极履行《生物多样性公约》及其议定书；划定生态保护红线、永久基本农田、城镇开发边界三条控制线，推动经济社会发展与资源环境承载力相适应；从系统工程和全局角度谋划，开展国土绿化行动，统筹推进山水林田湖草综合治理，建立市场化、多元化生态补偿机制。

其四，改革完善生态环境监管考核体制。设立国有自然资源资产管理和自然生态监督机构，构建国土空间全方位开发保护制度体系，建立政府、企业、社会、公众参与的治理体系，改革完善生态环境督察、考核评价体系。中华人民共和国生态环境部就是 2018 年 3 月根据第十三届全国人民代表大会第一次会议批准的国务院机构改革方案设立的。只有保护绿水青山，才能使绿水青山变成金山银山，推动形成人与自然和谐发展现代化建设的高质量新格局，实现可持续发展和人的全面发展。

---

[1]《2019 年全国耕地质量等级情况公报》，中华人民共和国农业农村部网站，2020 年 5 月 6 日。
[2]《坚持以人民为中心深化改革开放　深入推进青藏高原生态保护和高质量发展》，《人民日报》2021 年 6 月 10 日。

（三）注重改革的系统性、整体性、协同性

改革开放是党在新的时代条件下带领全国各族人民进行的新的伟大革命。习近平总书记强调："改革开放是决定当代中国命运的关键一招，也是决定实现'两个一百年'奋斗目标、实现中华民族伟大复兴的关键一招。"[1] 从"以经济建设为中心"的单极格局转变为"五位一体"建设总体布局，注重改革的系统性、整体性、协同性，是解决发展不平衡不充分矛盾的基本战略。党的十八大以来，中国改革发展形势深刻变化，外部不确定不稳定因素增多，改革发展面临许多新情况新问题。"容易的、皆大欢喜的改革已经完成了，好吃的肉都吃掉了，剩下的都是难啃的硬骨头。"[2] 这意味着，进入攻坚期和深水区后，改革的关联性和互动性明显增强，仅仅依靠单领域、单层次的改革难以奏效，必须加强改革的系统性、整体性、协同性。十八届三中全会审议通过《中共中央关于全面深化改革若干重大问题的决定》，提出全面深化改革的指导思想、目标任务、重大原则，合理布局全面深化改革的战略重点、优先顺序、主攻方向、工作机制、推进方式和时间表、路线图，开启了全面深化改革、系统整体设计推进改革的新时代。

其一，注重改革的系统性。经济社会发展必须遵循坚持系统观念的原则。党的十八大以来，党中央坚持系统谋划、统筹推进党和国家各项事业，根据新的实践需要，形成一系列新布局和新方略，带领全党全国各族人民取得了历史性成就。在这个过程中，系统观念是具有基础性的思想和工作方法。[3] 系统观念强调的是理论性和逻辑性，系统论的核心理念是系统的整体观念，基本方法

---

[1] 中共中央宣传部编：《习近平新时代中国特色社会主义思想三十讲》，学习出版社 2018 年版，第 94 页。

[2]《习近平谈治国理政》第 1 卷，外文出版社 2018 年版，第 101 页。

[3]《习近平：关于〈中共中央关于制定国民经济和社会发展第十四个五年规划和二○三五年远景目标的建议〉的说明》，《人民日报》2020 年 11 月 4 日。

是用系统观点看问题，注重系统整体与各要素或组成部分之间的相互联系、相互促进与共同发展，确保系统运转的整体效应。加强改革的系统性，就是要进一步提升改革的系统思考、系统设计和系统推进。2019年9月9日，在中央全面深化改革委员会第十次会议上，习近平总书记指出："落实党的十八届三中全会以来中央确定的各项改革任务，前期重点是夯基垒台、立柱架梁，中期重点在全面推进、积厚成势，现在要把着力点放到加强系统集成、协同高效上来，巩固和深化这些年来我们在解决体制性障碍、机制性梗阻、政策性创新方面取得的改革成果，推动各方面制度更加成熟更加定型。"[1] 全面建成小康社会后，我们开启了全面建设社会主义现代化国家新征程，我国发展环境面临深刻复杂变化，发展不平衡不充分的问题仍然突出，经济社会发展中矛盾错综复杂，围绕高质量发展，推动系统性改革，关键是要从系统观念出发，使各项改革主动适应我国社会主要矛盾发生变化的实际，着眼于满足人民对美好生活的广泛需要，以解决人民群众最关心最直接最现实的利益问题为导向，全面协调推动各领域工作和社会主义现代化建设。

其二，注重改革的整体性。人类社会发展的历史进程是社会各种复杂矛盾运动的结果。在观察和处理矛盾时，必须善于从多种矛盾中抓住主要矛盾，提出主要任务，掌握工作的中心环节；要善于把主要矛盾和非主要矛盾作为一个有机的体系予以统筹兼顾，使之相互促进、相互制约。新时代我国社会发展主要矛盾的转化，意味着要善于从多种矛盾中抓住"人民日益增长的美好生活需要"与"不平衡不充分的发展"之间的主要矛盾，提出解决发展不平衡不充分问题的主要任务，围绕着这一任务进行整体性思考、整体性谋划和整体性推进。当前人们普遍关心关注的教育、医疗、缩小收入差距、治理环境污染、司法公

---

[1]《习近平谈治国理政》第3卷，外文出版社2020年版，第179页。

正、反腐败等民生问题，归根到底都要通过制度来落实，进行整体性的推进，有了公平正义的制度，解决人民最关心最直接最现实的利益问题才有坚实的根基。要加强对改革方案的整体规划，既要统筹考虑战略层面的问题，又要考虑战术层面的问题，有效推动问题的解决，使方案好操作、好落实。

其三，注重改革的协同性。2015 年 7 月 1 日，在中央全面深化改革领导小组第十四次会议上，习近平总书记指出："要把好改革方案的主旨和要点，把准相关改革的内在联系，结合实际实化细化，使各项改革要求落地生根。"[1] 这意味着，在坚守主旨和要点的基础上，同一轮改革不同类型改革方案之间的协同推进十分重要，不同类型的改革方案之间的相互关照、彼此拉动，是整个改革能否协调推进的有效抓手。改革越深入，越要注意协同，既抓改革方案协同，也抓改革落实协同，更抓改革效果协同，促进各项改革举措在政策取向上相互配合、在实施过程中相互促进、在改革成效上相得益彰，[2] 朝着全面深化改革总目标集发力。"十四五"期间，为解决发展不平衡不充分的问题，我国将纵深推进新型城镇化战略，坚持实施区域重大战略、区域协调发展战略、主体功能区战略，健全区域协调发展体制机制，着力打造带动全国高质量发展的新动力源。2014 年 2 月，习近平总书记在听取京津冀协同发展工作汇报时就强调，实现京津冀协同发展，是面向未来打造新的首都经济圈、推进区域发展体制机制创新的需要，是探索完善城市群布局和形态、为优化开发区域发展提供示范和样板的需要，是探索生态文明建设有效路径、促进人口经济资源环境相协调的需要，是实现京津冀优势互补、促进环渤海经济区发展、带动北方腹地发展的需

---

［1］《把"三严三实"贯穿改革全过程　努力做全面深化改革的实干家》《人民日报》2015 年 7 月 2 日。

［2］ 中共中央宣传部编：《习近平新时代中国特色社会主义思想学习纲要》，学习出版社、人民出版社 2019 年版，第 89 页。

要，是一个重大国家战略。[1] 注重改革的协同性，还要注重优势互补、互利共赢、扎实推进，实施一批协同发展重大项目、重大改革、重大政策。如通过东北地区产业结构调整优化，推动东北振兴；通过推进成渝地区双城经济圈建设，打造带动全国高质量发展的重要增长极和新的动力源，促进西北地区与西南地区合作互动；持续推进京津冀协同发展，扎实落实区域协调发展战略。

切实推进改革的系统性、整体性、协同性，有助于整体推进、重点突破、协同配合、形成合力，扎实有效地解决我国当前发展所面临的不平衡、不充分等突出问题和挑战。

---

[1]《打破"一亩三分地" 习近平就京津冀协同发展提七点要求》，新华网，2014 年 2 月 27 日。

第六章

解决新阶段社会主要矛盾的价值导向和要义

党的十九大报告中提出新中国由"站起来""富起来"到"强起来"的历史发展进程，新时代则是"逐步实现人民共同富裕的时代"，"共同富裕"是解决不平衡不充分发展问题的关键，是"以人民为中心""人民至上"的初心所在，更是充分发挥社会主义制度优越性的价值导向和要义所在。其中，如何平衡强国与富民的关系、经济成长与社会建设的关系、政府与市场的关系等就成为题中之义。

一、强国与富民关系的再平衡

改革开放以来，中国在经历了"文化大革命"国民经济濒临崩溃之痛后，竟然仅仅用了 30 多年的时间，在思想解放和市场经济大潮的引领下，焕发起亿万民众的空前热忱，经过一代人的辛勤劳作，一举成为世界第二大经济体。不仅如此，中国人还用自己的智慧和理想，恢复了曾经的荣光，1881 年，美国传教士狄考文用故乡友人捐赠的一台发电机在山东蓬莱文会馆内点亮了电灯，就此开启了中国历史上电灯照明的新纪元，[1] 而 135 年后，中国将自主研发的第

---

[1] 蔡志书：《近代中国第一盏电灯由外国人点亮》，《人民政协报》2013 年 8 月 29 日。

三代核电技术——华龙一号出口到了英国；1876 年，由英、美合作，携英国怡和洋行在中国修建了第一条营业性铁路上海吴淞铁路，而 140 年后，中国中车超越了著名的德国西门子、法国阿尔斯通、加拿大庞巴迪等公司，不仅建设了全世界三分之二里程的高铁，并且还走向了世界。正可谓是沧海桑田、斗转星移。1978 年中国的 GDP 居世界第九，为 3645 亿元，人均 GDP 仅为 381 元，外汇储备是 1.67 亿美元。到 2020 年我国全年 GDP 达到了 1015986 亿元，已经连续十年稳居世界第二，人均则已经达到 1 万多美元；特别是形成了世界上规模最大的中等收入群体，如以家庭年收入 10 万元至 50 万元作为标准，已超过 4 亿人。2020 年，全国居民恩格尔系数（食品占居民消费支出比重）已降至 30.2%。家电全面普及，汽车快速进入寻常百姓家，2018 年，全国居民每百户家用汽车拥有量为 37.1 辆，高于新加坡等地；住房条件显著改善，2019 年，我国城镇和农村居民人均住房建筑面积分别为 39.8 和 48.9 平方米，高于一些发达国家。从基础设施和公共服务看，九年义务教育全面普及，高等教育正在由大众化阶段进入普及化阶段，毛入学率 2020 年已达 54.4%。覆盖城乡居民的社会保障体系基本建立，人均预期寿命 2020 年达 77.7 岁，比世界平均预期寿命大 4 岁以上。2016 年，我国农村居民接入电力的比例为 100%，2015 年，饮用安全水源的人口比例达 95.8%，均远高于 87.4% 和 71% 的世界平均水平。伴随着经济的突飞猛进，2018 年，我国城镇化率接近 60%，高于中等收入国家 52% 的平均水平。对世界经济的贡献度也在逐年提升，尽管近年来中国的经济增长速度有所放缓，2019 年以来，中国对世界经济增长贡献率仍然达 30% 左右，持续成为推动世界经济增长的主要动力源，美国彭博社根据 IMF 对 2021 年中国经济增长的预测数据，到 2026 年，中国对全球 GDP 增长的贡献将超过五分之一。彭博社还指出，后疫情时代，中国经济增长势头强劲，将引领全球经济增长。毋庸置疑，当下中国所发生的人类历史上从未发生的经济奇迹成为举世瞩目的焦点，当代中国人以一个世代人的努力完成了西方近三四百年的宏大经济发展历程。

但是，在国家富强、国力强盛的同时，我们应该看到，党的十九大提出的人们对美好生活的向往与中国社会发展的种种不平衡、不充分依然相当严重：无论是经济与政治、经济与文化、经济与社会，还是经济与生态等发展的不平衡，就如余华所说：这就是我们今天的生活，不平衡的生活。区域之间的不平衡、经济发展的不平衡，个人生活的不平衡等，然后就是心理的不平衡，最后连梦想都不平衡了。梦想是每个人与生俱有的财富，也是每个人最后的希望。即便什么都没有了，只要还有梦想，就能够卷土重来。可是我们今天的梦想已经失去平衡了。

仅仅就经济生活本身而言，经过 40 多年财富大创造的历史之后，如今"强国"与"富民"的关系也发展到了新的阶段。在国家富裕强大之后，人民群众希望更多分享社会财富创造的结果，期待在不断实现"强国梦"的过程中，也能够实现家庭和个人的"富裕梦"。一方面，中国的脱贫事业取得了历史性的成就，党的十八大以来，经过 8 年持续奋斗，到 2020 年底，中国如期完成新时代脱贫攻坚目标任务，现行标准下 9899 万农村贫困人口全部脱贫，832 个贫困县全部摘帽，12.8 万个贫困村全部出列，区域性整体贫困得到解决，完成消除绝对贫困的艰巨任务。脱贫攻坚战对中国人来说是具有历史性意义的事件，是中国千年来的一场伟业，对于当今世界贫困国家也富有借鉴意义和普遍价值。97 岁的查理·芒格（Charlie Thomas Munger）在 2021 年伯克希尔·哈撒韦公司年度大会上和 91 岁的沃伦·巴菲特（Warren E. Buffett）一起赞扬中国脱贫是"世界历史上发生过最了不起的事情之一"，"坚定的中国共产党人"不甘心让中国继续贫困下去，为此他们做出了改变。"中国发生了显著的变化……中国普通民众的平均收入获得了巨大的增长，他们让 8 亿人迅速摆脱了贫困"，

"这是世界上从未发生过的事情，因此我要向中国人表达敬意……"。同样，盖茨基金会 2020 年 9 月发布的《目标守卫者报告》显示，当下的疫情几乎阻碍了联合国 2030 年可持续发展目标中每一项指标的进展。全球极端贫困人口增加了 7%，约有 1.3 亿人口因此陷入长期饥饿。作为有效衡量卫生系统运转情况的间接指标，疫苗覆盖率下降到了 20 世纪 90 年代的水平，可以说全球在 25 周内倒退了 25 年。

一方面，中国的脱贫事业不仅仅深刻改变了贫困地区落后面貌，有力推动了中国农村整体发展，而且补齐了全面建成小康社会最突出短板，为全面建设社会主义现代化国家、实现第二个百年奋斗目标奠定了坚实基础。中国打赢脱贫攻坚战，如期实现脱贫攻坚目标任务，中国人民在创造美好生活、实现共同富裕的道路上迈出了坚实的一大步。这不仅仅是中国的成就，也是对世界脱贫事业的贡献。

另一方面，中国仍是世界上最大的发展中国家，仍面临人民日益增长的美好生活需要和不平衡不充分的发展之间的矛盾。解决发展不平衡不充分问题、缩小城乡区域发展差距、实现人的全面发展和全体人民共同富裕，仍然任重道远。国家统计局数据显示，2020 年，全国居民人均可支配收入中位数 27540 元，其中，城镇居民人均可支配收入中位数 40378 元，农村居民人均可支配收入中位数 15204 元，这不仅说明城乡收入的差距依然比较大，而且广大人口特别是农村人口每月收入一两千元的比例仍然非常巨大，2020 年，中国的人均 GDP 排在世界第 59 位，人均中国医疗卫生费用占 GDP 大约是 5% 至 6%，远低于世界平均水平，该数据的世界平均水平为 9.9%。中国的经济和社会发展在过去 40 多年已经取得翻天覆地的变化，而在医疗卫生上的投入远低于世界水平，这就需要我们充分注意和反思。值得肯定的是人均教育经费的增长，"十三五"期间，随着国家财政性教育经费支出占 GDP 超 4% 的成果持续巩固，这一经费 2019 年超过 4 万亿元，并有效带动了全国教育经费总投入首次超过 5 万亿元，支撑了世界上规模最大的国民教育体系，建立了世界上覆盖最广的学生资助体系，有力推动了我国教育总体发展水平跃居世界中上行列。2018 年，中国养老金占 GDP 的比重仅为 7%，这与美国养老金占 GDP 逾 135% 相比，差距很大。这表明未来的发展空间巨大，但同时，随着中国老龄化社会的来临，未来中国养老事业的挑战也将无比巨大。

这就为我们提出了一个难题：究竟如何在国家强大的同时让人民也能够过上富裕美好的生活？我们可能会看到中国成长为世界第一大经济体，但是，强国梦并不仅仅是我们单一的价值指向，当代中国发展的真正旨归乃在于全体国民的福祉，中华民族的伟大复兴决不是要回到汉唐或者康乾盛世。亚当·斯密（Adam Smith）在《国富论》中写道："中国一直是最富的国家之一，是世界上土地最肥沃、耕种得最好，人们最勤劳和人口最多的国家之一"，"中国是比欧洲任何国家都富裕得多的国家"，[1] 但是，亚当·斯密同时敏锐地指出，中国只是国家富有，贫民生活艰苦，且贫富差距很大。他甚至说："五百多年前访问过中国的马可·波罗所描述的关于其农业、工业和人口众多，与当今的旅行家们所描述的情况几乎完全一致"，[2] 这其实就是我们所说的中国社会的超稳定结构，它既成就了中国在古代世界长期超稳定的繁荣发展，也导致了近代中国的沉沦。

众所周知，近代中国自被迫开启国门以来，历经多少艰辛与苦难，最终"酣睡的巨人"被唤醒了，所谓近代中国救亡与启蒙的主题即是由此而来，毛泽东致力于建立一个独立、民主、自由、繁荣的新中国，但是，新中国成立以后，"文化大革命"使得国民经济陷入崩溃的边缘。改革开放以来，中国亿万人民用

---

［1］［英］亚当·斯密：《国富论》，唐日松等译，华夏出版社 2005 年版，第 55、146 页。

［2］ 同上书，第 55 页。

自己的勤劳和智慧，开启了中国建设现代化国家的进程。虽然邓小平在改革开放之初就提出了"共同富裕"的目标，但是，在改革开放早期，"共同富裕""公平正义"的价值观并没有得到彰显，"先富带后富"的理念尚未落到实处，这一方面是因为改革开放初期大家都是"摸着石头过河"；另一方面，诸多理念与政策的制定相对比较急功近利，比如这些年来关于"公平与效益"关系的讨论就是明证。

马克思主义的共同富裕内涵有着两层意思：一是生产力极大发展，二是差别不大的分配方式。马克思主义唯物史观认为，人的社会平等的基础在于物质生活资料的平等。社会主义的理想之所以值得人民追求，是因为它不仅能够促进和发展生产力，更重要的是社会主义内在地蕴含共同富裕的思想。近代以来，中国人对共同富裕有着一个不断深化的认识过程。特别是新中国成立初期，我们对社会主义的理念出现了急功近利的错误认识，认为社会主义旨在"一大二公三纯四平均"：一大，基层组织（如人民公社）的规模越大越好；二公，公有化的程度越高越好；三纯，社会主义的经济成分越纯越好；四平均，平均分配越妥当越好的绝对平均主义，忽视了发展生产力，导致了普遍贫穷的社会主义。结果，广大人民群众对社会主义本身产生了信仰危机。改革开放以来，邓小平总结新中国在社会主义经济建设方面的经验与教训，多次强调社会主义"首先要发展生产力"，"我们要发展社会生产力……是为了最终达到共同富裕，所以要防止两极分化。这就叫社会主义"。发展生产力是社会主义的手段，共同富裕才是社会主义的目的。在1992年的南方谈话中，邓小平创造性地提出了"贫穷不是社会主义"，"社会主义的本质，是解放生产力，发展生产力，消灭剥削，消除两极分化，最终达到共同富裕"。邓小平所认为的社会主义最终要落到共同富裕上来。生产力落后的现状，促使中国的社会主义要同市场经济结合，通过利用市场经济的效率属性来发展社会主义。因此，社会主义市场经济的重点不仅是市场经济，更体现在社会主义共同富裕的内涵之中。

2021 年 6 月，《中共中央国务院关于支持浙江高质量发展建设共同富裕示范区的意见》的发布，就如 2006 年取消农业税一样，不仅在中国历史上从未有过，在世界范围内也比较少见。该意见赋予浙江重要示范改革任务，先行先试、作出示范，为全国推动共同富裕提供省域范例。这也是我国在总结改革开放以来所取得伟大成就的基础上进一步反思还存在着的诸多困难、矛盾和问题的一个具有划时代意义的举措，正如文件所指出的：当前，我国发展不平衡不充分问题仍然突出，城乡区域发展和收入分配差距较大，各地区推动共同富裕的基础和条件不尽相同。促进全体人民共同富裕是一项长期艰巨的任务，需要选取部分地区先行先试、作出示范。浙江省在探索解决发展不平衡不充分问题方面取得了明显成效，具备开展共同富裕示范区建设的基础和优势，也存在一些短板弱项，具有广阔的优化空间和发展潜力。支持浙江高质量发展建设共同富裕示范区，有利于通过实践进一步丰富共同富裕的思想内涵，有利于探索破解新时代社会主要矛盾的有效途径，有利于为全国推动共同富裕提供省域范例，有利于打造新时代全面展示中国特色社会主义制度优越性的重要窗口。

在 2020 年中国脱贫攻坚和全面建成小康社会取得决定性成果的基础上，中国接下来如何致力于"共同富裕"，就顺理成章地成为中国进一步发展的题中之义，因为"共同富裕是社会主义的本质要求，是人民群众的共同期盼。改革开放以来，通过允许一部分人、一部分地区先富起来，先富带后富，极大解放和发展了社会生产力，人民生活水平不断提高。党的十八大以来，以习近平同志为核心的党中央不忘初心、牢记使命，团结带领全党全国各族人民，始终朝着实现共同富裕的目标不懈努力，全面建成小康社会取得伟大历史性成就，特别是决战脱贫攻坚取得全面胜利，困扰中华民族几千年的绝对贫困问题得到历史性解决，为新发展阶段推动共同富裕奠定了坚实基础"。"党的十九届五中全会对扎实推动共同富裕作出重大战略部署。实现共同富裕不仅是经济问题，而且是关系党的执政基础的重大政治问题。共同富裕具有鲜明的时代特征和中国特色，是全体人民通过辛勤劳动和相互帮助，普遍达到生活富裕富足、精神自信自强、环境宜居宜业、社会和谐和睦、公共服务普及普惠，实现人的全面发展和社会全面进步，共享改革发展成果和幸福美好生活。随着我国开启全面建设社会主义现代化国家新征程，必须把促进全体人民共同富裕摆在更加重要的位置，向着这个目标更加积极有为地进行努力，让人民群众真真切切感受到共同富裕看得见、摸得着、真实可感。"[1]

中国要趁势而上、因势而谋、应势而动、顺势而为。一方面，启动内需、形成以国内大循环为主的国内国际双循环格局，加快经济转型，需要致力于引导走共同富裕的道路，从而形成更高水平的"藏富于民"；另一方面，通过国家层面的制度安排来缩小地区、群体的收入差距，从而真正激发经济发展的内生活力。在新发展阶段，重新调整"强国"与"富民"的关系，已成为经济社会发展从"失衡"走向"再平衡"的内在要求。

二、经济成长与社会建设关系的再平衡

在经历了 40 多年高速经济发展之后，当代中国的社会矛盾也在日积月累，社会领域的风险不断累积，越积越深。在某种意义上，这正是经济建设与社会建设脱节带来的必然结果。经济不能实现共享式发展，将带来诸多社会风险，反过来，社会领域风险处理不好也会向经济领域转移。这充分体现了当下社会

---

[1]《中共中央　国务院关于支持浙江高质量发展建设共同富裕示范区的意见》(2021 年 5 月 20 日)，央视新闻，2021 年 6 月 10 日。

矛盾转化的实际，以及人们对美好生活的渴求与向往，因此，这也就提出一个艰巨的任务，实际形势迫使我们必须努力在经济成长与社会建设之间寻求新的"再平衡"。

近代以来，中国社会成长与发育缓慢，新中国成立后，特别是改革开放之前，社会建设在我国并没有一个单独的清晰的观念和框架，而是长期淹没或者说蕴含在经济、政治、文化建设之中。新中国成立之初，有感于当时社会矛盾的转化，中国人民政治协商会议第一届全体会议宣言称，"将领导全国人民克服一切困难，进行大规模的经济建设和文化建设，扫除旧中国留下来的贫困和愚昧，逐步地改善人民的物质生活和提高人民的文化生活"。与之相适应的是新中国迅速建构起了极为强大的组织动员和资源配置力量，在开始由新民主主义社会向社会主义社会的过渡时期，致力于建设国家全面管控的基层社会治理体制：在农村，建立区乡政权，之后在农业合作化运动中逐渐发展为"村社合一"的具有政治、经济与社会"三位一体"功能的高级社、人民公社。而在城市，确立了以"单位"为建制的从业人员管理体系。无论是国家机关、企事业单位还是微小的街道工厂，都成为一个个"大而全"或"小而全"的单位组织，在大部分的时期，"单位"既是工作组织，也是提供基本公共服务、解决各种社会事务和落实社会管理控制任务的基层组织体系。建立"街居制"（街道办事处—居委会体制）管理社会无工作人员、闲散人员、民政救济和社会优抚对象等。建立以单位制度、户籍制度、职业身份制度和档案制度为基础的社会管理体制，一般社会成员的就业和居住尽量固定，使社会高度组织化和有序化。研究表明，"这种一元化的社会管理体制可以最大限度地整合社会力量，把'一盘散沙'的中国社会凝聚成一个整体，使新中国仅用 30 年时间就建立了独立的比较完整的工业体系和国民经济体系，并在低水平下促进社会事业的发展，解决了总体性贫困。但是，这种管理体制权力过于集中，导致经济和社会生活活力不足，也制约了经济社会的进一步快速发展"。[1]

当代中国经济发展与社会建设的平衡，首要的问题在于经济高速发展的同时如何实现社会的公平正义，其中分配正义又是重中之重。毋庸置疑，在创造40多年中国经济发展奇迹的同时，我国居民收入在 GDP 中的比重过低现象越发凸显，而城乡收入差距仍然巨大，不同行业收入差距明显失调，这些巨大的贫富差距都说明在经济飞速发展的当下，社会分配问题成了相当紧迫的课题。

当代中国呼唤分配正义，乃是因为我国的分配正义与我国社会主义制度的属性以及发展阶段紧密相连。从制度层面来考察当下中国的分配正义，这里的"制度"指的是社会主义不同发展阶段的分配制度。概而言之，其中包括"计划经济体制下的按劳分配制度、市场化的按劳分配制度、人民共享的按劳分配制度"三种制度模式。众所周知，社会制度的本质决定了分配制度设置的根本目的，分配原则是社会制度在分配领域的价值导向，分配原则指导分配制度的设置，分配制度必须体现分配原则。我国分配制度是否适合社会的发展，归根到底要看其是否符合社会主义制度所处的发展阶段，并通过是否满足人民的生产生活需求体现出来。这就不难理解在改革开放初期，因为社会生产力极为低下，整个社会在"公平与效率"方面一般主张"效率优先，兼顾公平"。一段时间内，中国为发展生产力，客观上形成了效率优先的分配格局，这种以效率为标准的分配方式曾经有力地激发了亿万民众的热情，人们得以在这一分配体制下充分发挥自身的创造精神，中国的综合国力、人民生活水平都得到了空前的提高，创造了举世瞩目的"中国速度"和"中国奇迹"。但是，伴随着以市场为核心的分配方式造成的贫富差距、东西差距、城乡差距已在中国社会凸显出来，并成为人们关注的焦点问题。特别是中国的生产力已经发展到了相当水平，成

---

[1] 吴超、龚维斌：《新中国成立以来社会建设发展历程与基本经验》，《中国特色社会主义研究》2019 年第 6 期。

了世界第二大经济体，人均 GDP 也超过了 1 万美元，分配正义问题就成为中国进一步发展的突出问题。

所以，从学理上研究，分配正义在社会主义中国的发展史，就是一部社会主义的社会制度与分配原则、分配制度关系的探索史。新中国成立后，由于计划经济体制下的按劳分配制度不符合当时的生产力水平，以致好的出发点却产生了反效果。改革开放后，基于对我国的社会主义处于初级阶段的重新认识，开始引入市场经济的按劳分配制度，这一变化确实达到了一部分人先富起来的目标，但是贫富收入差距的扩大成为影响社会进步的隐患，特别是进入新时代，随着全面建成小康社会目标的实现，社会主要矛盾的转化告诉我们：构建以人民共享为核心的按劳分配制度成为新的发展要求。党的十八大以来，习近平总书记多次提到社会主义的分配方式要以共同富裕为目标，"共同富裕是社会主义的本质要求，是中国式现代化的重要特征"。党的十九大报告提出：坚持按劳分配原则，完善按要素分配的体制机制，促进收入分配更合理、更有序，通过中国特色社会主义分配制度推动共同富裕。《中共中央关于党的百年奋斗重大成就和历史经验的决议》强调，"努力建设体现效率、促进公平的收入分配体系"。中国的共同富裕问题需要根据特定历史时空平衡好公平与效率的关系。因此，分配正义在中国要结合社会主义制度的背景，既要梳理和总结过往时期的分配制度，予以中肯评价和总结，又要准确把握当下新时代的分配制度需求，特别是要根据社会主要矛盾转化这一新特征新情况，既不激进也不保守地设定与当代中国经济发展和社会建设相适应的分配原则。这也是社会主要矛盾转化新论的核心要义之一。

新时代分配正义的核心理念是"共享"，共享发展包括的内容十分广泛，这本身就构成了一个重大的时代课题。简而言之，就共享的主体而言，需要做到全民共享，满足全体人民对美好生活的向往，就共享的内容而言，将会涉及广泛的民生的内容。当下中国亟待解决的问题包括教育、就业、收入、社会保障、社会医疗、居住条件乃至养老等方面，而共享的核心则在于分配过程和分配结果的公平公正，"共享发展注重的是解决社会公平正义问题"，甚至可以说，共享发展理念是社会主义追求公平正义理想的最直接的表现，是中国特色社会主义的本质要求，也为解决人民日益增长的美好生活需要和不平衡不充分的发展之间的矛盾提供了切实的实践方案。

三、政府与市场关系的再平衡

中国 40 多年宏大的改革开放实践带给我们的一条基本经验是，有效确定政府与市场的边界，是推动中国经济快速健康发展的一个根本条件。在一个政府的"有形之手"伸得过长过深的经济社会体制中，由于无法充分发挥市场的信号引导机制，就容易形成一种与之相适应的粗放增长方式；在这种增长方式下，虽然短时期内能够依靠政府强制动员和投入社会资源，并且从国外引进技术来维持高速增长，但是这种增长不可持续。因此，重新划定政府与市场的关系，推动政府与市场关系从"失衡"走向"再平衡"，也是解决新阶段社会主要矛盾的价值导向和对策思路的重点难点问题之一。

如何正确把握社会主义市场经济中的政府与市场关系，首先要从中国的实际国情出发。党的十九大报告指出，中国特色社会主义进入了新时代，这是中国发展新的历史方位。中国改革开放 40 年所取得的经济奇迹，跨越了西方发达国家三四百年的宏大发展历程，这期间，随着生产力取得长足的发展，社会主要矛盾也发生了新变化，物质文化等基本生活需要已经基本上得到满足，更好水平的需要特别是人民对美好生活的向往成为当代新的要求。无疑，当代中国社会已经进入新的历史发展阶段，不平衡不充分发展是中国社会面临的新难题。

由此，在新的时代条件背景下，怎样更好地把握政府与市场的关系，既是一个重大理论命题，也是一个艰深的实践命题。

当代中国原创的社会主义市场经济理论，乃是改革开放以来，我们将市场经济引入社会主义基本制度后形成的，这既是对经典理论的重大创新，也是立足于中国社会主义发展的历史状况和现实国情，经独立探索而形成的发展道路。改革开放以来，社会主义市场经济体制的确立和完善，既集中体现了建设中国特色社会主义的生动实践，也进一步丰富了中国特色社会主义的理论内涵。其内涵着两层深刻的意蕴：一是社会主义离不开市场，二是社会主义要有超越市场的地方。既有市场配置资源的高效率，又有社会主义的优越性。社会主义市场经济是对市场经济本来形态的一种超越。从内涵上看，本义的市场经济以资本为主导要素，由此形成的创造力和破坏性都非常明显。因此，繁荣与危机常常相互依存。金融危机的屡次发生表明，在以资本为主导原则的社会中，以资本为核心要素的市场经济是极其脆弱甚至高度危险的。市场经济虽有超常活力，但它并不是一个仅靠自己就能自我修复的均衡系统。如果缺乏某种强有力的非市场力量规制和引导，市场体系很容易在实现经济增长的同时让人类付出不堪承受的生态代价和人文代价，并在一定条件下陷入混乱甚至崩溃。

从这个角度来看，社会主义市场经济理论并不仅仅是把市场经济与特定社会制度结合起来，也不仅仅是要让一种合乎人性的社会价值去支配一个具有强劲自主逻辑的经济系统。它是要找到一条路径，使市场经济有可能避免严重失衡而持久发挥功能。

邓小平指出，贫穷不是社会主义。经典社会主义和共产主义的最基本的条件就是生产力发达，要超越资本主义。现代中国没有经过资本主义的充分发展便跳跃式地进入了社会主义，国内的物质生活条件还不丰富，还需要用资本主义社会的技术和管理方式来发展社会主义。邓小平敏锐地指出，"计划"和"市场"都是经济手段。由此，在过去改革开放进程中，我国的社会主义理论实现了两个原创。

第一个原创是社会主义初级阶段理论。由于我国生产力落后，商品经济不发达，我国的社会主义正处于并将长期处于初级阶段，这是我国的基本国情，这一阶段是无法跨越的，它的一个重要内涵就是，我们不能逾越历史阶段来建设社会主义。在社会主义初级阶段，商品经济是人类历史发展不可逾越的历史阶段，市场机制是不可或缺的一项文明建制。正是在这一理论认识的基础上，我们在改革开放的历史进程中，创造性地将市场这一现代性文明建制纳入社会主义的基本制度框架，实现了社会主义和市场体制的结合，并在坚持社会主义基本制度的前提下充分吸收人类优秀的文明成果，尤其是资本现代性的文明成果，以发展、巩固和完善社会主义。由此，我们开启了从经济到政治、文化、社会、生态文明等各领域全方位的体制改革和制度建设，建立了社会主义市场经济体制、民主政治体制和法治国家体制及其他各方面体制机制。

第二个原创是将公有制和市场经济有机结合，通过形式多样化的公有制解决市场经济问题。中国自古以来就有"大同""均富"的思想，而公有制的属性内在地包含了"均富"的成分。与这两大原创理论相伴而生的是社会主义市场经济体制在实践中仍然面临两大亟待解决的问题：一个是如何在摆脱传统计划经济体制的同时更好发挥政府作用；另一个是如何在建立全方位市场体系的基础上克服过剩、失衡和危机等难题，进而实现经济的均衡发展、高质量发展以及社会财富的公平公正分配。这也是中国特色社会主义政治经济学所要解答和解决的重大理论、实践课题。

社会主义市场经济是社会主义制度和市场经济的结合，既要完善以市场为主体的经济制度，通过发挥市场的作用来发展经济，也要完善政治制度、经济制度、社会制度，必须申明共同富裕、公平正义才是社会主义的价值追求。市场要在资源配置中起决定性作用，但政府不是退出、不作为，而是要定好位、补好位。"定位"是"补位"的前提，政府定好位就是要明确划清政府与市场的边界，明确自己的职责，将自己的职责主要放在制定市场规划、维护市场秩序、保障公平竞争，解决社会总供给和总需求的平衡和产业机构合理的问题，解决市场机制难以解决的公共产品的生产、生态平衡、环境保护等问题。从现代经济学之父亚当·斯密开始到今天的新自由主义，包括非常推崇哈耶克的撒切尔夫人都没有否定政府的宏观调控，政府"补位"，其实就是转变政府职能，建立服务型政府，不与人民争利，不与市场争利。所以说政府与市场的关系最突出的问题，就是政府管了自己不该管的事情，管了自己管不好、管不了的事情。政府应该在"提供公共产品、防止垄断、保护环境、实现公平分配等方面进行有针对性的补位"。[1]

总之，社会主义市场经济能够用社会主义力量去驾驭和控制资本的力量，在制度设计上要注重公平、公正的原则。政府管市场，然后由市场决定资源配置，政府通过宏观调控实现对经济的有序调节。"使市场在资源配置中起决定性作用和更好发挥政府作用"是破解新时代社会主要矛盾的根本途径。中国的经验表明，西方的"强市场，弱政府"模式并不适合中国，共产党的领导是中国特色社会主义市场经济成功的主要保证。有人认为中国经济发展特点是"强政府、强市场"的"双强模式"，深化市场在资源配置中的作用并不改变政府在宏观调控和规范市场等方面的作用；有人认为中国道路能够成功的主要原因是发挥了"有效政府"和"有为政府"的作用，"看得见的手"和"看不见的手"形成合力，相互补充、相互促进；也有的人认为中国政府成功的关键在于"政党有为，市场有效"，政府主要在宏观方面起决定作用，市场在微观层面起主要

---

[1] 徐珂：《"十三五"时期我国经济发展态势》，宣讲家网，2015年10月28日。

作用。总之，中国经济模式取得成功在于"两只手"的协调配合，"两只手都要硬"，不仅遵循市场规律，也发挥了社会主义的制度优势。科学的宏观调控水平和有效的政府治理，是在新时代下对中国政府的内在要求，政府主要应该在"保持宏观经济稳定，加强和优化公共服务，保障公平竞争，加强市场监督，维护市场秩序，推动可持续发展，促进共同富裕，弥补市场失灵"上发挥有为作用。

认识和处理好政府与市场的关系需要把握三个维度。答案需要从问题本身来考察，我们认为，中国特色社会主义市场经济主要有三个要素，即"中国特色""社会主义"和"市场经济"。"中国特色"不仅指代中国特色社会主义初级阶段的国情和发展不充分不平衡的现状，也指中华民族的传统文化。从经济发展角度来看，"中国特色"是中国政党，中国共产党的领导下的党政有为是中国社会主义的制度优势。"社会主义"指的是社会主义制度，社会主义的优越性的价值体现在公平与正义，马克思文本里的社会主义概念是将人的自由个性同社会性统一起来，即"代替那存在着阶级和阶级对立的资产阶级旧社会的，将是这样一个联合体，在那里，每个人的自由发展是一切人的自由发展的条件"[1]，因此，"社会主义"的价值理念要与制度相结合，制度要与发展阶段相结合。"市场经济"在中国的语境里有两个含义：狭义上指的是资源配置的方式，通过供求、价格、竞争机制来实现资源的自发流动；广义上讲的是西方现代以来的生产方式。从今天中国的实践来看，中国特色社会主义市场经济是一个完整主体，三个要素互为联系、互为条件，作为单一概念的中国特色社会主义市场经济不是三个要素的简单相加，但是在制度设计时又要保留三者的一些基础性规定。所以，中国的社会主义市场经济是一条解决中国问题、具有中国经验、展

---

[1]《马克思恩格斯选集》第 1 卷，人民出版社 2012 年版，第 273 页。

现中国气派的发展道路，既融入了世界的发展潮流，又不同于西方的发展特点，这是我们今天探索新时代政府与市场关系的要义所在。

除了上述三种关系的再平衡。其他如实体经济与虚拟经济关系、资本与劳动关系、权力与资本关系、转型发展和科技创新关系、中央与地方关系、增长与生态关系、国际与国内关系等都需要再平衡。

当前仍在持续的全球疫情危机引发了金融动荡。在金融领域中的这些变化，不但严重侵蚀了实体经济的健康发展，致使资本从实体经济大量流出，同时也严重侵蚀了人们的伦理价值观念，甚至连"勤劳致富"也受到了怀疑，劳动创造价值的基本价值取向遭到扭曲。"金融脱域"（脱离实体经济）与"危机异化"（生产过剩危机异化为金融危机），已成为世界和当前中国经济面临的严峻挑战，推动实体经济与虚拟经济的"再平衡"，已是当务之急。

中国40多年改革开放伟大进程中存在一个最深层的驱动力，那就是资本意识的觉醒。但是，资本与社会主义相结合遇到的第一个的理论课题，就是如何看待和处理当代的劳资关系。在资本逻辑趋于泛滥的背景下，如何建立健全节制资本机制，防止出现资本与劳动谈判能力的过度失衡，实现资本与劳动关系的"再平衡"，已成为一项重大而紧迫的课题。

如果说在过去一段时间里，权力与资本的联合驱动构成了推动中国经济高速发展的根本动力，那么在当下，人们则更担心出现权力与资本相互寻租的局面：这正是当代中国人所担心的"权贵资本主义"的问题。解决这个问题，要求我们重新审视权力与资本的关系，在权力与资本之间建立起新的"再平衡"。

对于推动新发展理念和构建新发展格局来说，转型发展与创新驱动是两个相互影响的方面。目前存在的问题是，由行政力量主导的经济结构调整和产业布局升级，与既有粗放式发展条件下形成的经济动力结构不相协调，造成既有的经济动力机制与新布局的经济产业结构脱节。这说明，在推动新发展理念和构建新发展格局的过程中，"创新驱动"还滞后于"转型发展"的内在要求，二者缺乏配合，最终出现了经济结构与动力结构的不匹配。这就要求对转型发展和创新驱动的关系进行"再平衡"。

随着中国的发展壮大，中央和地方的关系也发生了新的变化：一方面，中央追求"以人民为中心"的根本宗旨和目标，地方追求"区域利益最大化"的行为动机和目标，两者更多地表现出了差异性和不一致性。如何重新调整中央与地方的关系，更好地发挥中央与地方两个积极性，形成推动构建新发展格局的合力，是一个迫切需要解决的现实问题。

高速增长曾是中国经济最亮丽的表现，然而，当前中国脆弱的生态环境和短缺的资源禀赋，已经无法承担起过去那种粗放式的经济增长模式，出现了增长与生态关系的严重失衡。落实新发展理念，推动构建新发展格局，一个非常重要的任务就是寻求增长与生态关系的"再平衡"。

当今世界经历的百年未有之大变局有着十分深刻的内在原因，其中公认的一条就是全球经济出现失衡，而在这种失衡中，以中国为代表的新兴经济体和以美国为代表的发达经济体的经济非均衡，又极具关键性。在危机不断深化的背景下，寻求国际与国内关系的"再平衡"，形成"以国内大循环为主体、国内国际双循环相互促进的新发展格局"就成为最紧迫的课题。

第七章

社会主要矛盾转化新论断的意义和归旨

　　基于对新时代我国社会主要矛盾转化的准确认识，党的十九大报告明确指出，中国特色社会主义新时代要建立的是一个"富强民主文明和谐美丽的社会主义现代化强国"，从 2035 年基本实现社会主义现代化，到 21 世纪中叶"全面建成社会主义现代化强国"，是新时代中国特色社会主义发展的战略安排。现阶段，我国仍然存在区域差距、城乡差距、收入差距较大的问题，仍然面临发展不平衡、不充分等突出问题和挑战，消除两极分化，最终实现共同富裕，是中国共产党对中国人民的坚定承诺，也是全面建设社会主义现代化国家的题中应有之义。

一、全面建设社会主义现代化国家的总体定位

　　中国共产党以马克思主义为指导思想。马克思主义作为一种科学的世界观和方法论，主张在把握长时段的历史发展规律之基础上，实事求是地从人们所处的具体时空条件出发以制定战略、策略和政策。中国特色社会主义的发展历程，正是中国共产党人结合中国具体实际创造性地运用马克思主义的探索过程。实事求是，一切从实际出发，准确认识社会主要矛盾，是中国共产党制定正确的路线方针政策、确立正确的发展理念和发展战略的依据。全面建设社会主义

现代化国家，实现中华民族伟大复兴，是中华民族的最高利益和根本利益。我们党领导中国人民进行的一切奋斗，归根到底都是为了实现这一伟大目标。

（一）全面建设社会主义现代化国家是中国特色社会主义发展新阶段的新任务

正确认识党和人民事业所处的历史方位和发展阶段，是我们党明确阶段性中心任务、制定路线方针政策的根本依据，也是我们党领导革命、建设、改革不断取得胜利的重要经验。一部马克思主义发展史，就是马克思、恩格斯以及马克思以后的马克思主义者不断根据时代、实践、认识的发展而发展的历史，是不断吸收人类历史上一切优秀思想文化成果丰富自己的历史。从中国特色社会主义事业的发展历程来看，中国共产党是不可或缺的领导力量，党领导全国人民在不同的发展阶段追求着不同的任务，任务的提出离不开对我国社会主要矛盾的判断。中国共产党一经成立，就把实现共产主义作为自身的最高理想和最终目标，义无反顾地肩负起实现中华民族伟大复兴的崇高使命。要实现伟大理想，必须脚踏实地、真抓实干地去解决眼前的主要矛盾。

在新民主主义革命时期，我们党经过艰辛探索，深刻地认识到，帝国主义、封建主义和官僚资本主义对中国人民的压迫是当时的主要矛盾，只有推翻这"三座大山"才能实现民族独立、人民解放、国家统一和社会稳定。党团结和带领人民经过 28 年的浴血奋战，走出了一条农村包围城市、武装夺取政权的正确革命道路，完成了新民主主义革命，建立了中华人民共和国，"实现了中国从几千年封建专制政治向人民民主的伟大飞跃"。中华人民共和国成立以后，中国共产党深刻地认识到，从新民主主义社会进入社会主义社会，"必须建立符合我国实际的先进社会制度"。[1] 我们党再次抓住主要矛盾，排除万难，团结和带领人

---

[1]　习近平：《决胜全面建成小康社会　夺取新时代中国特色社会主义伟大胜利——在中国共产党第十九次全国代表大会上的报告》，《人民日报》2017 年 10 月 28 日。

民完成社会主义革命，确立社会主义基本制度，为之后中国的发展进步奠定了根本的政治前提和制度基础。

在社会主义基本制度确立后，我国进入了实现社会主义改造，全面建设社会主义的时期。1956 年党的八大《关于政治报告的决议》对当时我国社会的主要矛盾进行了表述，这份决议明确指出："我们国内的主要矛盾，已经是人民对于建立先进的工业国的要求同落后的农业国的现实之间的矛盾，已经是人民对于经济文化迅速发展的需要同当前经济文化不能满足人民需要的状况之间的矛盾。这一矛盾的实质，在我国社会主义制度已经建立的情况下，也就是先进的社会主义制度同落后的社会生产力之间的矛盾。党和全国人民的当前的主要任务，就是要集中力量来解决这个矛盾，把我国尽快地从落后的农业国变为先进的工业国。"[1] 这份决议从马克思主义唯物史观出发，对当时我国面临的主要矛盾作出了实事求是的判断。正是在这样的背景下，中国共产党明确提出了实现"四个现代化"的战略目标。

1954 年 9 月，周恩来在第一届全国人民代表大会第一次会议上作的《政府工作报告》指出："我国的经济原来是很落后的；如果我们不建设起强大的现代化的工业、现代化的农业、现代化的交通运输业和现代化的国防，我们就不能摆脱落后和贫困，我们的革命就不能达到目的。"[2] 这是我们党首次提出"四个现代化"目标。1959 年底到 1960 年初，毛泽东在《读苏联〈政治经济学教科书〉的谈话》中第一次对"四个现代化"作出完整表述。他说："建设社会主义，原来要求是工业现代化，农业现代化，科学文化现代化，现在要加上国防现代化。"[3]

---

[1]《中国共产党第八次全国代表大会关于政治报告的决议》，《人民日报》1956 年 9 月 28 日。
[2]《建国以来重要文献选编》第 5 册，中央文献出版社 1993 年版，第 584 页。
[3]《毛泽东文集》第 8 卷，人民出版社 1999 年版，第 116 页。

　　经历了"大跃进"和"文化大革命"的挫折后，中国共产党深刻认识到，建设中国特色社会主义，实现中华民族伟大复兴，必须勇敢地进行改革开放，这不仅是为了合乎时代潮流和顺应人民的意愿，而且是为了使我们党和人民的事业"始终充满奋勇前进的强大动力"。[1] 党的十一届三中全会是一个重要的历史转折，吹响了改革开放的号角。我们党深刻总结世界社会主义理论与实践，特别是我国社会主义建设正反两方面经验，作出我国正处于并将长期处于社会主义初级阶段的重大判断，在此基础上提出了党的基本路线，开辟了改革开放和社会主义现代化建设的崭新局面。在对社会主要矛盾的认识这一问题上，也重新强调了八大的相关表述。1981 年 6 月十一届六中全会通过的《关于建国以来党的若干历史问题的决议》对社会主要矛盾作了这样的表述："在社会主义改造基本完成以后，我国所要解决的主要矛盾，是人民日益增长的物质文化需要同落后的社会生产之间的矛盾。党和国家工作的重点必须转移到以经济建设为中心的社会主义现代化建设上来，大大发展社会生产力，并在这个基础上逐步改善人民的物质文化生活。"[2]

　　相比党的八大的提法，这一表述不再从国家发展层面讲"建立先进的工业国的要求同落后的农业国的现实之间的矛盾"，把"人民对于经济文化迅速发展的需要同当前经济文化不能满足人民需要之间的矛盾"改为"人民日益增长的物质文化需要同落后的社会生产之间的矛盾"。这两点改变，一方面，坚持了八大对社会主要矛盾表述的本质内容，另一方面也反映了改革开放以来我国国情的变化，对社会主要矛盾进行了更为精炼的表述，强调了改革开放初期我国社会主义现代化建设以经济建设为中心的特点。

---

[1] 习近平：《决胜全面建成小康社会　夺取新时代中国特色社会主义伟大胜利——在中国共产党第十九次全国代表大会上的报告》，《人民日报》2017 年 10 月 28 日。
[2]《中国共产党中央委员会关于建国以来党的若干历史问题的决议》，人民出版社 2009 年版，第 58 页。

　　此后，党的历次全国代表大会都会重申我国社会主要矛盾的问题。但历史是不断发展的，随着改革开放以来我国经济和社会不断发展，社会主要矛盾也在经历着一个从量变到质变的转化过程。虽然我们仍处于并将长期处于社会主义初级阶段这一基本国情不变，但我国社会主义事业将会不断出现一些新的阶段性特征和新任务。尤其是党的十六大以来，中国特色社会主义建设的阶段性特征越来越明显，社会主要矛盾出现本质转化的趋势越来越明显。十六大报告指出，我国"总体上实现了由温饱到小康的历史性跨越"，"进入全面建设小康社会加快推进社会主义现代化的新的发展阶段"。[1] 十七大号召全党高举中国特色社会主义伟大旗帜，为夺取全面建设小康社会新胜利而奋斗，并对实现全面建设小康社会提出了新的要求。为此，十七大报告强调："必须适应国内外形势的新变化，顺应各族人民过上更好生活的新期待，把握经济社会发展趋势和规律，坚持中国特色社会主义经济建设、政治建设、文化建设、社会建设的基本目标和基本政策构成的基本纲领，在十六大确立的全面建设小康社会目标的基础上对我国发展提出新的更高要求。"[2] 从中可以看到，"顺应各族人民过上更好生活的期待"这样的提法，相较于满足"人民日益增长的物质文化需要"，更加注重人民生活的质量，这与我国进入全面建设小康社会阶段的新任务是相适应的。十八大报告强调，要在十六大、十七大确立的全面建设小康社会目标的基础上努力实现新的要求，并提出了经济持续健康发展，转变经济发展方式取得重大进展，人民民主不断扩大，文化软实力显著增强，人民生活水平全面提高，资源节约型、环境友好型社会建设取得重大进展等目标。

［1］ 江泽民：《全面建设小康社会，开创中国特色社会主义事业新局面——在中国共产党第十六次全国代表大会上的报告》，《人民日报》2002 年 11 月 18 日。
［2］《胡锦涛在中国共产党第十七次全国代表大会上的报告》，《人民日报》2007 年 10 月 25 日。

党的十八大以来，我们党和国家的发展取得了历史性的重大成就。面对世界经济复苏乏力、局部冲突和动荡频发、全球性问题加剧的外部环境，面对我国经济发展进入新常态等一系列重大而深刻的变化，党领导全国各族人民稳中求进，迎难而上，开拓进取，取得了改革开放和现代化建设的历史性成就。2012 年至 2016 年，我国居民人均可支配收入从 16510 元增加到 23821 元，年均实际增长 7.4%，跑赢了经济增速。各项民生事业取得新的重大进展，普通老百姓的获得感、幸福感、安全感大大提升，社会养老保险已经覆盖 9 亿多人，基本医疗保险覆盖 13.5 亿人，实现了 6000 多万贫困人口稳定脱贫，贫困发生率从 10.2% 下降到 4% 以下。[1] 这些成就是全方位的、开创性的，给整个国家带来了深层次、根本性的变革。这些变革对党和国家事业发展产生了深远影响。因此，十九大报告明确指出，中国特色社会主义经过长期努力进入了新时代，这是我国发展新的历史方位。

从建设社会主义现代化国家的角度来看，中国特色社会主义新时代，"是决胜全面建成小康社会、进而全面建设社会主义现代化强国的时代"。根据中国特色社会主义已经进入新时代这一新的历史方位，党的十九大报告对我国社会主要矛盾作出了新的判断，以"人民日益增长的美好生活需要和不平衡不充分的发展之间的矛盾"，代替了之前的"人民日益增长的物质文化需要同落后的社会生产之间的矛盾"。新时代社会主要矛盾的转化，表明社会主义现代化建设需要解决的已经不是"人民的物质文化需要"和"社会生产"之间的矛盾，而是"人民的美好生活需要"和"不平衡不充分的发展"之间的矛盾，意味着我国社会主义现代化建设的内涵更加丰富了，从量的积累转向了质的提升。十九大报告指出："我国社会主要矛盾的变化是关系全局的历史性变化，对党和国家的工

---

[1]　参见中共中央宣传部理论局：《新时代面对面——理论热点面对面·2018》，学习出版社、人民出版社 2018 年版，第 33—34 页。

作提出了许多新的要求。"[1] 总体而言，新时代的新要求，就是"要在继续推动发展的基础上，着力解决好发展不平衡和不充分的问题，大力提升发展质量和效益，更好满足人民在经济、政治、文化、社会、生态等方面日益增长的需要，更好推动人的全面发展、社会全面进步"，[2] 为把我国建设成为富强民主文明和谐美丽的社会主义现代化强国而奋斗。因此，从中国特色社会主义事业的历史进程来看，全面建设社会主义现代化国家是新时代中国特色社会主义的新任务，这一新任务是针对新时代我国社会主要矛盾的变化提出来的，是中国共产党根据中国特色社会主义事业的新发展所呈现的新特征而作出的战略规划。

党的十九届五中全会提出，全面建成小康社会、实现第一个百年奋斗目标之后，我们要乘势而上开启全面建设社会主义现代化国家新征程、向第二个百年奋斗目标进军，这标志着我国进入了一个新的发展阶段。在这一阶段，"虽然我国发展仍然处于重要战略机遇期，但机遇和挑战都有新的发展变化，机遇和挑战之大都前所未有，总体上机遇大于挑战"。[3] 在这一阶段，我们的任务是全面建设社会主义现代化国家，我们建设的现代化必须是具有中国特色、符合中国实际的。对此，习近平总书记在十九届五中全会上特别强调了五点，就是我国现代化是人口规模巨大的现代化，是全体人民共同富裕的现代化，是物质文明和精神文明相协调的现代化，是人与自然和谐共生的现代化，是走和平发展道路的现代化。[4] 要坚定不移推进中国式现代化，以中国式现代化推进中华民族伟大复兴，不断为人类作出新的更大贡献。围绕全面建成社会主义现代化强国这一总目标，习近平总书记还提出建设科技强国、制造强国、质量强国、网络强国、交通强国、数字中国，建成文化强国、教育强国、人才强国、体育强

---

[1][2] 习近平：《决胜全面建成小康社会 夺取新时代中国特色社会主义伟大胜利——在中国共产党第十九次全国代表大会上的报告》，《人民日报》2017 年 10 月 28 日。

[3][4] 习近平：《把握新发展阶段，贯彻新发展理念，构建新发展格局》，《求是》2021 年第 9 期。

国、健康中国等目标；提出坚持以人民为中心的发展思想，推动人的全面发展、全体人民共同富裕取得更为明显的实质性进展；提出立足新发展阶段、贯彻新发展理念、构建新发展格局、推动高质量发展，统筹发展和安全；等等。这是全面建设社会主义现代化国家必须坚持的方向，要在我国发展的方针政策、战略战术、政策举措、工作部署中得到体现，推动全党全国各族人民共同为之努力。

（二）全面建设社会主义现代化国家是社会主要矛盾转化后的战略规划

全面建设社会主义现代化国家是社会主要矛盾转化后的重要战略规划，作出这样的战略判断，有着充分的依据。

在理论依据方面，马克思主义是远大理想和现实目标相结合、历史必然性和发展阶段性相统一的统一论者，坚信人类社会必然走向共产主义，但实现这一崇高目标必然经历若干历史阶段。准确把握当代中国的历史方位，正确认识我国社会所处的发展阶段，是建设中国特色社会主义的首要问题，是制定和执行正确的路线、方针、政策的根本依据，也是制定国家中长期发展战略的根本前提。正因为如此，我们党始终高度重视对当代中国历史方位的判断和社会阶段性特征的分析。[1] 我们党在运用马克思主义基本原理解决中国实际问题的实践中逐步认识到，发展社会主义不仅是一个长期的历史过程，也需要划分为不同历史阶段。20 世纪 50 年代末 60 年代初，在初步总结社会主义建设的经验教训后，毛泽东意识到了中国社会主义建设的艰巨性、复杂性和长期性。他在读苏联《政治经济学教科书》时提出了一个重要的观点，认为："社会主义这个阶段，有可能分为两个阶段，第一个阶段是不发达的社会主义，第二个阶段是比较发达的社会主义。后一阶段可能比前一阶段需要更长的时间。"党的十一届三

---

[1] 秦宣：《认识和把握我国社会发展的阶段性特征——深入学习贯彻习近平同志"7·26"重要讲话精神》，《人民日报》2017 年 8 月 30 日。

中全会后不久，党中央在总结历史经验时，开始从认识我国社会主义社会所处的发展阶段来分析以往发生失误的原因。1981 年 6 月，十一届六中全会通过的《关于建国以来党的若干历史问题的决议》第一次明确指出，"我们的社会主义制度还是处于初级的阶段"，社会主义制度由比较不完善到比较完善，必然要经历一个长久的过程。以后，十二大报告和十二届六中全会《关于社会主义精神文明建设指导方针的决议》，都重申了关于社会主义初级阶段的观点。十三大在以往探索的基础上，总结了改革开放的经验，使关于社会主义初级阶段的认识前进了一大步。大会指出，正确认识我国社会现在所处的历史阶段，是建设有中国特色的社会主义的首要问题，是我们制定和执行正确的路线和政策的基本依据。十三大在以往探索的基础上，总结了改革开放和现代化建设的经验，系统阐述了初级阶段理论和党的基本路线，表明了我们党对社会主义和中国国情认识上的一次飞跃。今天我们所处的新发展阶段，就是社会主义初级阶段中的一个阶段，同时是其中经过几十年积累、站到了新的起点上的一个阶段。习近平总书记强调，新发展阶段是我国社会主义发展进程中的一个重要阶段。社会主义初级阶段不是一个静态、一成不变、停滞不前的阶段，也不是一个自发、被动、不用费多大气力自然而然就可以跨过的阶段，而是一个动态、积极有为、始终洋溢着蓬勃生机活力的过程，是一个阶梯式递进、不断发展进步、日益接近质的飞跃的量的积累和发展变化的过程。[1] 全面建设社会主义现代化国家，既是社会主义初级阶段我国发展的要求，也是我国社会主义从初级阶段向更高阶段迈进的要求。

在历史依据方面，全面建设社会主义现代化国家是我们党带领全国人民迎来从站起来、富起来到强起来的历史性跨越。习近平总书记在党的十九大报告

---

[1]《深入学习坚决贯彻党的十九届五中全会精神　确保全面建设社会主义现代化国家开好局》，《人民日报》2021 年 1 月 12 日。

中指出:"中国特色社会主义进入新时代,意味着近代以来久经磨难的中华民族迎来了从站起来、富起来到强起来的伟大飞跃,迎来了实现中华民族伟大复兴的光明前景;意味着科学社会主义在二十一世纪的中国焕发出强大生机活力,在世界上高高举起了中国特色社会主义伟大旗帜;意味着中国特色社会主义道路、理论、制度、文化不断发展,拓展了发展中国家走向现代化的途径,给世界上那些既希望加快发展又希望保持自身独立性的国家和民族提供了全新选择,为解决人类问题贡献了中国智慧和中国方案。"[1] 中国共产党成立后,早期共产党人团结带领人民经过 28 年的顽强奋斗,建立了中华人民共和国,实现了从新民主主义革命到社会主义革命的历史性跨越。新中国成立后,我们党团结带领人民创造性地完成社会主义改造,确立了社会主义基本制度,大规模开展社会主义经济文化建设,中国人民实现了从社会主义革命到社会主义建设的历史性跨越。改革开放以来,我们党极大地激发广大人民群众的积极性、主动性、创造性,成功开辟了中国特色社会主义道路,实现了社会主义现代化进程中新的历史性跨越。今天,我们正在这一系列中国社会主义发展进程的基础上续写全面建设社会主义现代化国家新的历史。

在现实依据方面,我们已经拥有全面建设社会主义现代化国家、实现新的更高目标的雄厚物质基础。经过新中国成立以来特别是改革开放 40 多年的不懈奋斗,到"十三五"规划收官之时,我们的经济发展方式实现重大转型,经济总量越过 100 万亿元大关,居民收入基本同步增长。人均国内生产总值超过 1 万美元,165 项重大工程项目基本完成,国家发展物质基础更加雄厚。[2] 目前,我国覆盖城乡居民的社会保障体系已基本建成,教育公平和质量得到较大

[1] 习近平:《决胜全面建成小康社会　夺取新时代中国特色社会主义伟大胜利——在中国共产党第十九次全国代表大会上的报告》,《人民日报》2017 年 10 月 28 日。
[2] 《关于 2020 年国民经济和社会发展计划执行情况与 2021 年国民经济和社会发展计划草案的报告》,新华网,2021 年 3 月 13 日。

提升，生态文明建设取得了重大进展。我国经济实力、科技实力、综合国力和人民生活水平跃上了新的大台阶，全面建成小康社会取得了历史性成就。中国已经成为世界第二大经济体、第一大工业国、第一大货物贸易国、第一大外汇储备国。据统计，改革开放以来，按照可比价格计算，中国国内生产总值年均增长约9.5%；以美元计算，中国对外贸易额年均增长14.5%。中国人民生活从短缺走向充裕、从贫困走向小康，现行联合国标准下的7亿多贫困人口成功脱贫，占同期全球减贫人口总数70%以上。[1] 2021年2月，习近平总书记在全国脱贫攻坚总结表彰大会上指出，脱贫攻坚战的全面胜利，标志着我们党在团结带领人民创造美好生活、实现共同富裕的道路上迈出了坚实的一大步。但是，脱贫摘帽并不是终点，而是新生活、新奋斗的起点。解决发展不平衡不充分问题、缩小城乡区域发展差距、实现人的全面发展和全体人民共同富裕仍然任重道远。[2] 党的十八大以来，党中央把脱贫攻坚摆在治国理政的突出位置，把脱贫攻坚作为全面建成小康社会的底线任务，攻克了一个又一个贫中之贫、坚中之坚，组织开展了声势浩大的脱贫攻坚人民战争，取得了重大历史性成就。

就中国平衡发展的总体趋势，基于"清华大学中国平衡发展指数"的综合分析，2011年以来，我国经济社会保持较快发展，平衡发展指数稳步上升。2017年平衡发展指数为52.49，比2016年上升1.38，增长率为2.71%；比2011年上升10.32，增长率达24.48%，年均增长率为3.72%，提升幅度明显。分领域看，经济、社会、生态和民生各领域发展也取得了显著成绩：2011年至2017年，经济平衡发展指数由39.79上升至48.23，年均增长率达3.26%；社会平衡发展指数由43.66上升至54.62，年均增长率达3.81%；生态平衡发展

---

[1] 习近平：《开放共创繁荣 创新引领未来——在博鳌亚洲论坛2018年年会开幕式上的主旨演讲》，人民出版社2018年版，第3页。
[2] 习近平：《在全国脱贫攻坚总结表彰大会上的讲话》，《人民日报》2021年2月26日。

指数由 42.88 上升至 55.93，年均增长率达 4.53%，增幅最大；民生平衡发展指数由 42.34 上升至 51.18，年均增长率达 3.21%。[1] 整体而言，2011 年以来，特别是党的十八大以来，面对复杂多变的国际政治经济环境和国内经济运行新情况、新变化，在党中央的坚强领导下，我国经济社会发展取得重大成就，经济持续稳定增长，综合国力显著增强；人民物质文化生活水平显著提高，社会建设取得明显成效；生态文明建设迈向新台阶，环境质量不断优化；民生福祉大幅改善，人民获得感显著提升。其中，生态文明领域的年均增速最高，环境保护和生态文明建设彰显成效。这在我国社会主义现代化建设进程中具有里程碑意义，为我国进入新发展阶段、朝着第二个百年奋斗目标进军奠定了坚实基础。

二、全面建设社会主义现代化国家的价值归属

经过改革开放 40 多年的努力，我国经济持续快速发展，很多方面的社会生产能力进入世界前列。正如党的十九大报告对我国社会主义主要矛盾变化作出的判断，目前更突出的问题是发展不平衡不充分的问题。全面建设社会主义现代化国家目标的提出，正是要在解决这一问题的基础上，实现社会主义现代化和中华民族的伟大复兴。就深层次而言，全面建设社会主义现代化国家有着明确的价值归属，主要包括人民至上、更加突出共同富裕和公平正义、人的自由全面发展三个方面，实质上，这三个方面的核心都是人。也就是说，新时代全面建设社会主义现代化国家，归根到底还是为了满足人民对美好生活的向往，实现中华民族伟大复兴的中国梦。正如习近平总书记所说："人民对美好生活的向往，就是我们的奋斗目标"；中国共产党的责任就是要团结带领全国各族人

---

[1]　许宪春、郑正喜、张钟文：《中国平衡发展状况及对策研究》，《管理世界》2019 年第 5 期。

民，"继续解放思想，坚持改革开放，不断解放和发展社会生产力，努力解决群众的生产生活困难，坚定不移地走共同富裕的道路"；"中国梦归根到底是人民的梦，必须紧紧依靠人民来实现，必须不断为人民造福"。[1] 从价值归属层面出发，有助于我们从深层次把握全面建设社会主义现代化国家的内涵。

（一）坚持人民至上，满足人民对美好生活的向往

共产党是为人民利益而奋斗的政党。人民性是马克思主义最鲜明的品格。马克思、恩格斯指出："无产阶级的运动是绝大多数人的、为绝大多数人谋利益的独立的运动"，在未来社会"生产将以所有的人富裕为目的"。邓小平指出，社会主义的本质，是解放生产力，发展生产力，消灭剥削，消除两极分化，最终达到共同富裕。党的十八届五中全会鲜明地提出要坚持以人民为中心的发展思想，把增进人民福祉、促进人的全面发展、朝着共同富裕方向稳步前进作为经济发展的出发点和落脚点。部署经济工作、制定经济政策、推动经济发展都要牢牢坚持这个根本立场。人民是历史的创造者，这是马克思主义唯物史观的基本观点。正如习近平总书记所指出的，"改革开放在认识和实践上的每一次突破和发展，改革开放中每一个新生事物的产生和发展，改革开放每一个方面经验的创造和积累，无不来自亿万人民的实践和智慧"。[2] 人民既是世界历史的推动力量，也是社会主义现代化强国和中华民族伟大复兴的主体。全面建设社会主义现代化国家，就是要坚持以人民为中心的发展理念，把人民与全面建设社会主义现代化国家的目标相结合，把人民与国家的利益相结合。在这一基础上，满足人民群众对美好生活的向往，就是全面建设社会主义现代化国家最根本的价值追求。

中国共产党人的初心和使命，就是为中国人民谋幸福、为中华民族谋复兴。

---

[1]《十八大以来重要文献选编》（上），中央文献出版社 2014 年版，第 70、235 页。
[2]《习近平谈治国理政》第 1 卷，外文出版社 2018 年版，第 68 页。

　　这是对中国共产党自成立以来全部奋斗历史的精辟概括。近代以来的中国历史，写满了屈辱和苦难，直到先进知识分子找到了马克思列宁主义这个科学真理，直到中国共产党成立，中国历史才翻开了崭新的一页，中国的问题才找到了根本解决的出路。从此，中国人民谋求民族独立、人民解放和国家富强、人民幸福的斗争有了主心骨，中国人民从精神上由被动转为主动。党的十九大报告强调："为什么人的问题，是检验一个政党、一个政权性质的试金石。带领人民创造美好生活，是中国共产党始终不渝的奋斗目标。必须始终把人民利益摆在至高无上的地位，让改革发展成果更多更公平惠及全体人民，朝着实现全体人民共同富裕不断迈进。"[1]十九届六中全会通过的《中共中央关于党的百年奋斗重大成就和历史经验的决议》在总结党百年奋斗十条历史经验中，就有"坚持人民至上"。可以说，党的百年历史，就是一部为人民打江山、守江山的历史。在不同历史时期，我们党的任务不同，但胜利完成目标任务的成功经验，归根到底都是坚持和把握了"江山就是人民、人民就是江山"。

　　以人民为中心的现代化，在发展动力上，强调全体人民共同建设社会主义现代化的伟大事业。"谋划发展，最了解实际情况的，是人民群众；推动改革，最大的依靠力量，也是人民群众。"[2]在目标追求上，以人民为中心的现代化强调全体人民共享社会主义现代化的伟大成果。把人民对美好生活的向往作为奋斗目标，关键是落实到为人民服务的具体行动中，体现在推动经济社会发展各个方面各个环节。党的十八大以来，习近平总书记坚持以人民为中心的发展思想，就创造人民美好生活、保障和改善民生作出一系列重要论述。比如，关于实现中华民族伟大复兴的中国梦，强调"中国梦归根到底是人民的梦"；关于全

[1]　习近平：《决胜全面建成小康社会　夺取新时代中国特色社会主义伟大胜利——在中国共产党第十九次全国代表大会上的报告》，《人民日报》2017年10月28日。
[2]　中共中央宣传部编：《习近平新时代中国特色社会主义思想学习纲要》，学习出版社、人民出版社2019年版，第42页。

面建成小康社会，强调"小康不小康，关键看老乡"，"小康路上一个都不能掉队"；关于全面深化改革，强调"紧紧依靠人民推动改革"，"改革发展成果更多更公平惠及全体人民"；关于全面依法治国，强调"努力让人民群众在每一个司法案件中都能感受到公平正义"；关于全面从严治党，强调"关键问题是保持党同人民群众的血肉联系"；关于精准扶贫精准脱贫，强调"决不能落下一个贫困地区、一个贫困群众"。[1] 这些重要论述都是满足人民美好生活期待的更具现实感和针对性的重要要求，已经转化为党和人民卓有成效的实践步骤和具体行动。在评价标准上，以人民为中心的现代化强调把是否给人民群众带来美好生活作为检验现代化成效的根本标准。习近平总书记指出："全心全意为人民服务，是我们党一切行动的根本出发点和落脚点。"[2] 检验一切工作的成效，最终都要看人民是否真正得到了实惠，人民生活是否真正得到了改善，人民权益是否真正得到了保障。以人民为中心的现代化，不是对物的现代化的否定，而是建立在物的现代化基础之上的更高层次的现代化。这种现代化强调"人"的中心地位、主体地位，强调不能以物质丰腴、精神贫困为代价，强调要避免重蹈一些国家和地区以资本为中心进而导致物质主义膨胀、精神世界衰落的覆辙。

人民是中国共产党执政的最深厚基础和最大底气。为人民谋幸福、为民族谋复兴，既是我们党领导现代化建设的出发点和落脚点，也是新发展理念的"根"和"魂"。在新时代全面建设社会主义现代化国家的伟大历史征程中，只有以人民为中心，坚持发展为了人民、发展依靠人民、发展成果由人民共享，才能使全国各族人民团结在中国共产党的周围，通过自己的创造性劳动，全面推进国家的现代化建设。只有坚持人民至上，才能充分调动各方面的积极性，

---

[1] 中共中央党校（国家行政学院）：《习近平新时代中国特色社会主义思想基本问题》，人民出版社、中共中央党校出版社 2020 年版，第 110—111 页。

[2] 《习近平谈治国理政》第 1 卷，外文出版社 2018 年版，第 28 页。

激发广大人民群众的创造性，解放和发展社会生产力，增强社会发展活力，实现国家富强、民族振兴和人民幸福的社会主义现代化强国目标。

（二）突出社会主义本质，强调共同富裕和公平正义

按照马克思、恩格斯的构想，共产主义社会将彻底消除阶级之间、城乡之间、脑力劳动和体力劳动之间的对立和差别，实行各尽所能、按需分配，真正实现社会共享、实现每个人自由而全面的发展。到那时，"生产将以所有的人富裕为目的"，"所有人共同享受大家创造出来的福利"。[1]共同富裕，是马克思主义的一个基本目标，反映了社会主义的本质。

从字面上看，社会主义现代化强国，本身就具有丰富的内涵，其中包含三方面的基本因素，即社会主义因素、现代化因素和强国因素。社会主义最基本的要求就是一定要使生产力发达，"贫穷不是社会主义"。[2]坚持和发展中国特色社会主义，必须发挥社会主义对资本主义的价值优越性和制度优越性。社会主义之所以区别于资本主义，一个重要方面就在于其深刻批判资本主义的两极分化和经济社会的巨大不平等。从历史来看，资本主义极大地促进了社会生产力的发展，创造了大量财富，但是由于生产资料的私有制同社会化大生产之间的矛盾，资本主义无法实现共同富裕，也无法实现真正的公平正义。习近平总书记在庆祝中国共产党成立95周年大会上的讲话中强调："带领人民创造幸福生活，是我们党始终不渝的奋斗目标。我们要顺应人民群众对美好生活的向往，坚持以人民为中心的发展思想，以保障和改善民生为重点，发展各项社会事业，加大收入分配调节力度，打赢脱贫攻坚战，保证人民平等参与、平等发展权利，使改革发展成果更多更公平惠及全体人民，朝着实现全体人民共同富裕的目标

---

[1]　中共中央宣传部编：《习近平新时代中国特色社会主义思想学习纲要》，学习出版社、人民出版社2019年版，第44页。
[2]　《邓小平文选》第3卷，人民出版社1993年版，第225页。

稳步迈进。"[1]

全面建设社会主义现代化国家，既要体现世界现代化的一般特征，更要突出其社会主义特征。1987年，邓小平就指出："搞社会主义现代化建设是基本路线"；[2]社会主义发展生产力，成果是属于人民的。我们的目的是共同富裕。要经过若干年的努力，体现出社会主义的优越性，体现出我们走社会主义道路走得对。可以看出，这些话不仅强调现代化建设本身作为党的基本路线的重要性，还强调了中国现代化建设的社会主义性质。中国特色社会主义已经进入新时代，全面建设社会主义现代化国家理应更加突出其社会主义的本质，强调共同富裕，突出社会公平与正义，这样才能从本质上充分体现全面建设社会主义现代化国家的主要特征。

我国社会主要矛盾已经从人民日益增长的物质文化需要同落后的社会生产之间的矛盾，转化为人民日益增长的美好生活需要和不平衡不充分的发展之间的矛盾。为适应社会主要矛盾的转化，不仅要促进经济的高质量发展，解决当前我们所面临的发展不够充分的问题，进一步做大"蛋糕"；而且还要竭力协调收入分配，解决当前社会经济发展过程所面临的发展不够平衡的问题，进一步分好"蛋糕"。针对发展不平衡尤其是收入差距拉大的问题，习近平总书记强调要实现共享发展。正如他所指出的："我们追求的发展是造福人民的发展，我们追求的富裕是全体人民共同富裕。改革发展搞得成功不成功，最终的判断标准是人民是不是共同享受到了改革发展成果。"[3]我国正处于并将长期处于社会主义初级阶段，我们不能做超越阶段的事情，但这并不意味着在逐步实现共同富裕方面就无所作为，而是要根据现有条件把能做的事情尽量做起来，积小胜为

---

［1］《习近平谈治国理政》第2卷，外文出版社2017年版，第40页。

［2］《邓小平文选》第3卷，人民出版社1993年版，第248页。

［3］《习近平关于社会主义社会建设论述摘编》，中央文献出版社2017年版，第35页。

大胜，不断朝着全体人民共同富裕的目标前进。

党的十九届五中全会向着更远的目标谋划共同富裕，提出了"全体人民共同富裕取得更为明显的实质性进展"的目标。习近平总书记指出："共同富裕本身就是社会主义现代化的一个重要目标。我们要始终把满足人民对美好生活的新期待作为发展的出发点和落脚点，在实现现代化过程中不断地、逐步地解决好这个问题。"[1]具体而言，要自觉主动解决地区差距、城乡差距、收入差距等问题，坚持在发展中保障和改善民生，统筹做好就业、收入分配、教育、社保、医疗、住房、养老、扶幼等各方面工作，更加注重向农村、基层、欠发达地区倾斜，向困难群众倾斜，促进社会公平正义，让发展成果更多更公平地惠及全体人民。促进共同富裕是一项长期任务，需要脚踏实地，久久为功，向着这个目标不懈努力。

"十四五"规划和 2035 年远景目标纲要提出，支持浙江高质量发展建设共同富裕示范区。2021 年 6 月 10 日，《中共中央国务院关于支持浙江高质量发展建设共同富裕示范区的意见》发布，提出了支持浙江高质量发展建设共同富裕示范区的指导思想和基本原则，以及到 2025 年、2035 年的发展目标。这为"全体人民共同富裕取得更为明显的实质性进展"的实现迈出了实质性的一步。在新发展阶段，"共同富裕"这四个字具有鲜明的时代特征和中国特色，是新时代中国特色社会主义制度优越性的集中体现。共同富裕是全民共富、全面富裕、共建共富和逐步共富。通过在浙江开展示范区建设，及时形成可复制推广的经验做法，能为其他地区分梯次推进、逐步实现全体人民共同富裕作出示范。

（三）促进人的自由全面发展，推动高质量发展

人的全面发展思想，是马克思主义的根本价值和最高命题，是马克思主义

---

[1]《完整准确全面贯彻新发展理念　确保"十四五"时期我国发展开好局起好步》,《人民日报》2021 年 1 月 30 日。

理论的重要组成部分，也是习近平新时代中国特色社会主义思想的重要内容。马克思主义认为，人的全面发展就是人的最根本、最本质东西的发展，是"人以一种全面的方式，就是说，作为一个完整的人，占有自己的全面的本质"。[1]

社会主义区别于资本主义的地方，不仅在于共同富裕和公平正义，还体现在对人的自由全面发展的促进和保障。由于资本主义私有制和剥削的存在，一大部分没有生产资料的无产者，只能依靠出卖自身的劳动力谋生。劳动作为人的本质属性，在资本主义社会出现了异化。在马克思主义经典作家看来，资本主义由于不能从根本上解决占社会人口大多数的雇佣劳动者的生存和发展问题，必将被社会主义代替，这一观点从本质上而言，在今天依然能站得住脚。发达的资本主义是社会主义的入口，社会主义社会建立在资本主义制度已经容纳不了自身生产力的物质基础之上。因此，从逻辑上来看，社会主义社会的物质基础高于资本主义条件下所达到的生产力水平。

在现实中进入社会主义社会的国家，大多是经济文化相对落后的国家，而且在空间上处于与资本主义国家并存和竞争的状态。在这样的背景下，社会主义国家要建立自己的物质基础，就需要努力发展社会生产力，使之达到并超过资本主义国家的水平。正是在这个意义上，邓小平强调，社会主义就是解放和发展社会生产力。由于特殊的历史条件，在改革开放之初，我国的现代化建设主要是追赶发达国家的现代化，而其首要目的是保障广大人民的生存。

马克思主义认为，物质生产力是全部社会生活的物质前提，同生产力发展一定阶段相适应的生产关系的总和构成社会经济基础。生产力是推动社会进步最活跃、最革命的要素。"人们所达到的生产力的总和决定着社会状况。"生产

---

[1]《马克思恩格斯文集》第1卷，人民出版社2009年版，第189页。

力和生产关系、经济基础和上层建筑相互作用、相互制约，支配着整个社会发展进程。解放和发展社会生产力是社会主义的本质要求，是中国共产党人接力探索、着力解决的重大问题。中华人民共和国成立以来，特别是改革开放以来，中国共产党带领人民坚定不移地解放和发展社会生产力，走完了西方几百年的发展历程。2018 年 5 月，习近平总书记在纪念马克思诞辰 200 周年大会上谈道："我们要勇于全面深化改革，自觉通过调整生产关系激发社会生产力发展活力，自觉通过完善上层建筑适应经济基础发展要求，让中国特色社会主义更加符合规律地向前发展。"[1]

经过改革开放 40 多年的发展，特别是党的十八大以来，中国的现代化建设已经进入全面建设社会主义现代化国家的新时代，人民的生存和温饱问题已经得到解决，现阶段追求的是更高质量的现代化。这意味着，人民在改革发展中的获得感、幸福感、安全感显著提升，从改革开放之初更多地注重物质性生存发展，逐渐过渡到经济、政治、文化、社会、生态文明等全方位、多样化发展，人的全面发展得到极大重视和实现。习近平总书记指出："我们要激发全社会创造力和发展活力，努力实现更高质量、更有效率、更加公平、更可持续的发展！"[2]对中国共产党历史使命的强调，尤其是为实现人民对美好生活的向往所作出的全方面的战略安排，也体现着促进人的自由全面发展的价值追求。

三、开启全面建设社会主义现代化国家新征程的理论意义

现代化是人类社会发展的大趋势。治理一个国家，推动一个国家实现现代化，并不只有西方制度模式这一条道路，各国完全可以走出自己的道路。中国

---

[1] 习近平：《在纪念马克思诞辰 200 周年大会上的讲话》，《人民日报》2018 年 5 月 5 日。
[2]《习近平谈治国理政》第 3 卷，外文出版社 2020 年版，第 28 页。

社会主义现代化实践用事实宣告了"历史终结论"的破产，宣告了各国最终都要以西方制度模式为归宿的单线式历史观的破产。发展新阶段开启全面建设社会主义现代化国家新征程显示了重要的理论意义。

(一) 对两个"没有变"重大判断的坚持

党的十九大报告指出，我国社会主要矛盾的变化，没有改变我们对我国社会主义所处历史阶段的判断，我国仍处于并将长期处于社会主义初级阶段的基本国情没有变，我国是世界最大发展中国家的国际地位没有变。坚持两个"没有变"的重大判断，为发展新阶段开启全面建设社会主义现代化国家新征程提供了理论支撑。

历史地看，社会主义初级阶段理论，是党对中华人民共和国成立特别是党的十一届三中全会以来正反两方面经验的概括和总结，它的形成经历了一个发展过程。1979 年 9 月，十一届四中全会通过的叶剑英即将代表党中央、人大常委会和国务院所作的《在庆祝中华人民共和国成立三十周年大会上的讲话》指出，社会主义制度是人类历史上崭新的社会制度，有发生和发展的过程，还处在幼年时期；我国现在还是发展中的社会主义国家，社会主义制度还不完善，经济和文化还不发达。1980 年 1 月 16 日，邓小平在中共中央召集的干部会议上的讲话中指出，建设现代化的社会主义强国，任务很多，需要做的事情很多，"我们穷，底子薄，教育、科学、文化都落后，这就决定了我们还要有一个艰苦奋斗的过程"。[1] 经过这些思想酝酿，1981 年 6 月，十一届六中全会通过的《关于建国以来党的若干历史问题的决议》作出了"我们的社会主义制度还是处于初级的阶段"[2] 的判断。1982 年 9 月，十二大报告总结新中国成立以来社会主义现代化建设的历史经验，再次指出，"我国的社会主义社会现在还处在初级发

---

[1]《邓小平文选》第 2 卷，人民出版社 1994 年版，第 257 页。
[2]《三中全会以来重要文献选编》(下)，中央文献出版社 1982 年版，第 166—167 页。

展阶段"。[1]

1986 年 9 月，党的十二届六中全会通过的《关于社会主义精神文明建设指导方针的决议》继续重申，"我国还处在社会主义的初级阶段"。[2] 1987 年 3 月 21 日，《关于草拟十三大报告大纲的设想》提出，十三大报告全篇拟以社会主义初级阶段作为立论的根据，初步揭示"社会主义初级阶段"的基本内涵。1987 年 8 月 29 日，邓小平在会见意大利共产党领导人约蒂和赞盖里时指出："我们党的十三大要阐述中国社会主义是处在一个什么阶段，就是处在初级阶段，是初级阶段的社会主义。社会主义本身是共产主义的初级阶段，而我们中国又处在社会主义的初级阶段，就是不发达的阶段。一切都要从这个实际出发，根据这个实际来制订规划。"[3]

党的十三大报告第一次对社会主义初级阶段理论进行了系统阐述，深刻揭示了社会主义初级阶段的内涵和本质特征。报告指出，我国正处在社会主义的初级阶段。这个论断包括两层含义：第一，我国社会已经是社会主义社会。我们必须坚持而不能离开社会主义。第二，我国的社会主义社会还处在初级阶段。我们必须从这个实际出发，而不能超越这个阶段。[4] 报告强调，我国社会主义的初级阶段，不是泛指任何国家进入社会主义都会经历的起始阶段，而是特指我国在生产力落后、商品经济不发达条件下建设社会主义必然要经历的特定阶段。我国从 20 世纪 50 年代生产资料私有制的社会主义改造基本完成，到社会主义现代化的基本实现，至少需要上百年时间，都属于社会主义初级阶段。这个阶段，既不同于社会主义经济基础尚未奠定的过渡时期，又不同于已经实现社会主义现代化的阶段。我们在现阶段所面临的主要矛盾，是人民日益增长的

---

[1]《十二大以来重要文献选编》（上），中央文献出版社 1986 年版，第 22 页。
[2]《十二大以来重要文献选编》（下），中央文献出版社 1988 年版，第 127 页。
[3]《邓小平文选》第 3 卷，人民出版社 1993 年版，第 252 页。
[4]《十三大以来重要文献选编》（上），中央文献出版社 1993 年版，第 9 页。

物质文化需要同落后的社会生产之间的矛盾。阶级斗争在一定范围内还会长期存在，但已经不是主要矛盾。为了解决现阶段的主要矛盾，必须大力发展商品经济，提高劳动生产率，逐步实现工业、农业、国防和科学技术的现代化，并且为此而改革生产关系和上层建筑中不适应生产力发展的部分。正如习近平总书记所说，"社会主义初级阶段是当代中国的最大国情、最大实际。我们在任何情况下都要牢牢把握这个最大国情，推进任何方面的改革发展都要牢牢立足这个最大实际"。[1] 这是我们认识当下、规划未来、制定政策、推进事业的基础。

从现实出发，两个"没有变"的重大判断客观反映了我国目前社会经济发展的基本国情。邓小平指出："我们搞的现代化，是中国式的现代化。我们建设的社会主义，是有中国特色的社会主义。我们主要是根据自己的实际情况和自己的条件，以自力更生为主。"[2] 当前我国发展不平衡不充分问题仍然突出，重点领域关键环节的改革任务仍然艰巨，创新能力不适应高质量发展要求，农业基础还不稳固，城乡区域发展和收入分配差距较大，生态环保任重道远，民生保障存在短板，社会治理还有弱项。在我国经济社会发展新时代，正如当年邓小平的判断，"发展起来以后的问题，不比不发展时少"。[3] 既有"中国奇迹"，也有诸多"中国式难题"。这意味着，虽然我国社会生产力水平总体上有了显著提高，社会生产能力在很多方面进入世界前列，但发展不平衡不充分问题也日益凸显。发展不平衡，主要指各地区各领域各方面发展不够平衡，存在"一条腿长、一条腿短"的失衡现象，制约了整体发展水平提升。发展不充分，主要指一些地区、一些领域、一些方面还存在发展不足的问题。[4] 发展的任务依然

［1］习近平：《紧紧围绕坚持和发展中国特色社会主义　学习宣传贯彻党的十八大精神》，《人民日报》2012 年 11 月 19 日。
［2］《邓小平文选》第 3 卷，人民出版社 1993 年版，第 29 页。
［3］《邓小平年谱》，中央文献出版社 2004 年版，第 1364 页。
［4］中共中央宣传部编：《习近平新时代中国特色社会主义思想学习纲要》，学习出版社、人民出版社 2019 年版，第 19 页。

任重道远。清华大学中国经济社会数据研究中心、经济管理学院、社会科学学院联合发布的《清华大学中国平衡发展指数报告（2020）》显示，当前我国城乡区域发展和收入分配差距依然较大，民生保障存在短板。报告发现，2012年至2018年南方平衡发展指数明显高于北方，差距呈扩大趋势。虽然南北发展水平和内部平衡程度都实现了阶段性提高，但北方地区除了社会领域外，其他领域总的平衡发展水平均落后于南方地区，南北差距日益突出。从经济、社会、生态和民生各领域分析南北平衡发展差距，研究发现经济领域平衡发展差距最为显著，是南北平衡发展差距逐年扩大的主要因素。民生领域南北平衡发展由北方占优转为南方领先，扩大了南北平衡发展差距；社会领域北方稍具优势，对南北平衡发展差距的不断扩大起到一定缓冲作用；北方与南方在生态领域平衡发展的差距虽然呈明显缩小趋势，但差距依然较大。[1] 这意味着，我们不仅在经济建设中要始终立足初级阶段，而且在政治建设、文化建设、社会建设、生态文明建设中也要始终牢记初级阶段；不仅在经济总量低时要立足初级阶段，而且在经济总量提高后仍然要牢记初级阶段；不仅在谋划长远发展时要立足初级阶段，而且在日常工作中也要牢记初级阶段。

　　从世界发展的大趋势大环境来看，在新时代，虽然我们的发展阶段、发展任务、工作对象和工作条件都发生了深刻变化，但与世界上许多发达国家相比，我国的发展水平总体上还是比较低的，人均国内生产总值还排在世界第七八十位，还没有完全摆脱不发达阶段。[2] 在科技实力、军事实力、教育水平等方面，我国与发达国家之间也有不小的差距。客观地说，如果把我国目前的发展状况与世界发达国家的发展状况进行比较，我们目前仍然属于发展中国家。2021

---

［1］《许宪春：区域经济发展不平衡仍然是个长期问题》，《经济观察报》2020年11月20日。
［2］ 中共中央党校（国家行政学院）：《习近平新时代中国特色社会主义思想基本问题》，人民出版社、中共中央党校出版社2020年版，第30页。

年 4 月 20 日，博鳌亚洲论坛 2021 年年会开幕日当天，中国经济学家林毅夫就"中国距离发达国家还有多远"这一问题指出，"中国有 14 亿人口，人均 GDP、人均收入都比发达国家低很多。这在东部沿海城市也许看不出来，因为中国地区间的发展差距很大。东部沿海城市在全国处于领先位置，人均 GDP 相对比较高，加上我们的基础设施大部分是改革开放以后才建的，比较新，也会给外国人一种幻觉，似乎中国人的生活比美国、欧洲还要好"。[1] 他还进一步列举了我国与发达国家之间的差距，包括环境质量、公共服务水平、社会治理能力，这些并没有通过 GDP 反映出来。即使是东部沿海地区居民的收入水平，跟发达国家相比还是有很大差距。因此，我们需要新的发展理念，不要只看硬件，还要提升人民的生活质量，让人民共享经济发展的成果。虽然这些并不体现在 GDP 之中，却是一个国家发达程度的重要衡量指标。

两个"没有变"战略理论，客观反映了当前我国的基本国情，科学判断了我国的国际地位，为开启全面建设社会主义现代化国家新征程提供了理论支撑。

（二）对现代化理论的丰富和发展

社会主义并不是空想，它源于实践和运动，也体现在不同国家的实践之中。对于社会主义国家而言，只有结合本国本民族的实际和特色，积极反思并解决实际问题，才能使本国的社会主义发展显示出独特的生命力和优越性。改革开放以来，特别是苏东剧变后，中国特色社会主义道路打破了发展中国家对西方发展模式的路径依赖，走出了一条有别于西方模式和苏联模式的独特道路，在收获成绩的同时，也进一步丰富和发展了现代化理论。

其一，中国特色社会主义现代化丰富和发展了现代化的内涵，体现了具有本国鲜明特色的现代化探索之路。与人类社会的现代化始于欧洲一样，现代化

---

[1] 尹洁：《中国距离发达国家还有多远？林毅夫回应：有些差距并没有在 GDP 中反映》，环球人物微信公众号，2021 年 4 月 21 日。

理论也发端于欧洲。19世纪，尚处于孕育时期的现代化理论主要是以总结和探讨西欧国家自身的资本主义现代化经验和面临的问题为主，主要奠基人是马克思和马克斯·韦伯（Max Weber）。马克思虽然没有系统研究过现代化问题，但他关于社会发展阶段的论述，已包含了许多现代化思想。他关于社会发展的两个论述，在后来现代化研究的诸多文献中依然被经常引用。一是"工业较发达的国家向工业较不发达的国家所显示的，只是后者未来的景象"。[1]"一个国家应该而且可以向其他国家学习。一个社会即使探索到了本身运动的自然规律……它还是既不能跳过也不能用法令取消自然的发展阶段。但是它能缩短和减轻分娩的痛苦。"[2]二是强调经济的作用，关于"经济基础和上层建筑"的著名论断亦发展为日后现代化研究的一个重要流派。韦伯的理性化和科层化思想对现代化研究产生了深远影响。他在多本著作中系统论述了西方资本主义文明的发展过程、原因和特点，并对东、西方资本主义现代化的前提条件和成败原因作了比较研究，指出了现代化过程中精神与物质的互动关系。在《宗教社会学论文集》中，韦伯认为产生资本主义的因素是合理的常设企业、核算、工艺和法律，但也并非仅此而已。合理的精神，一般生活的合理化以及合理的经济道德都是必要的辅助因素。

20世纪，关于现代化概念和含义的讨论伴随着工业化和全球化的步伐逐步升温。"现代化"一词在中文中最早出现在19世纪20、30年代。1929年，胡适在为《中国基督教年鉴》（China Christian Year Book）写的《文化的冲突》一文中，使用了"选择性的现代化"，此后，"现代化"作为一个新的社会科学词汇开始在报刊上使用，但此时人们心目中的现代化只是"欧化"或者"西化"。

当代中国现代化理论与比较现代化进程研究的主要开创者罗荣渠在《现代

---

[1]《马克思恩格斯文集》第5卷，人民出版社2009年版，第8页。
[2] 同上书，第9—10页。

化新论——世界与中国的现代化进程》中归纳了国内外有关现代化含义的四类界说：第一，现代化指在近代资本主义兴起后的特定国际关系格局下，经济上落后国家通过技术革命，在经济和技术上赶上世界先进水平的历史过程。中国共产党及其政府领导人在阐述中国的社会主义现代化方针与政策时所一贯明确表述的，正是这一思想。1954 年，周恩来就提出要把中国建设成为"一个强大的社会主义的现代化的工业国家"。第二，把现代化视为工业化，是经济落后国家实现工业化的进程。在罗荣渠看来，这种观点与第一种并无实质区别，前者更注重政治立论。第三，现代化是自科学革命以来，人类急剧变动的过程的统称，这种变化不仅限于经济领域，同时也发生在知识增长、政治发展、社会动员、心理适应等各个方面。这种现代化观点注意到社会制度即结构与工业化和经济发展的关系，认为科学革命具有改变人类环境的巨大力量，造成特殊的社会变迁方式，而社会各单元对这一新环境和变化的适应与调整的过程就是现代化。第四，现代化主要是一种心理态度、价值观和生活方式的改变过程，是代表这个历史时代的一种"文明的形式"，这主要是从社会学、文化人类学、心理学的角度来考察现代化的。韦伯就是这一观点的代表。

中国现代化问题研究专家金耀基在《从传统到现代》一书中曾对"现代化"进行过系统讨论。简言之，现代化是指一个前现代的国家为跻身现代国家之林，所启动在经济、军事、教育、政治和法律等领域的变革，因而产生的社会巨大的形变过程。它通常表现为工业化（由农业转向工业）、都市化（农村人口转向城市）、世俗化（科学理性思维的扩散）和普遍参与（在政治上个人主体意识的提高）等现象。也就是说，现代化并不是一个单向的历史过程，而是外部刺激与内部回应两者相结合的过程，即近代西方的冲击与东方国家本身作出反响的一个错综复杂的过程，一个社会从传统向现代的转型的过程。

在世界现代化的历史视野和理论视野中，现代化曾经是资本主义的专利，以资本主义的方式完成一个国家的工业化、城市化和市场化，似乎是人类实现现代化的唯一路径。西方现代化是以工业化为中心的发展道路，虽然有后现代化的思潮对现代化的反思，但根本没有改变以消费主义为核心的理念，并没有解决马克思和恩格斯所认为的，在共产主义社会将要消灭的"三大差别"，即工农、城乡和脑体劳动差别。而与之相对应的中国现代化道路则体现了在借鉴西方现代化理论的基础上，对中国国情世情以及马克思、恩格斯笔下"三大差别"的思考和探索。1938 年 10 月，毛泽东在党的扩大的六届六中全会上就指出："马克思列宁主义的伟大力量，就在于它是和各个国家具体的革命实践相联系的。对于中国共产党说来，就是要学会把马克思列宁主义的理论应用于中国的具体的环境。成为伟大中华民族的一部分而和这个民族血肉相联的共产党员，离开中国特点来谈马克思主义，只是抽象的空洞的马克思主义。因此，使马克思主义在中国具体化，使之在其每一表现中带着必须有的中国的特性，即是说，按照中国的特点去应用它，成为全党亟待了解并亟须解决的问题。"[1]

曾有一个较长的历史时期，由于没有正确把握中国国情，我国的社会主义现代化建设事业遭受了重大损失。正如邓小平所指出的，"从一九五七年下半年开始，我们就犯了'左'的错误。总的来说，就是对外封闭，对内以阶级斗争为纲，忽视发展生产力，制定的政策超越了社会主义的初级阶段"。[2] 改革开放以来，由于正确把握了初级阶段的基本国情，我国的社会主义现代化建设事业取得了巨大成就。中国特色社会主义道路就是始终立足于社会主义初级阶段基本国情的社会发展道路。脱离社会主义初级阶段的基本国情也就不可能有中国特色社会主义，更谈不上发展中国特色社会主义。"一切从社会主义初级阶段的实际出发"，这是我们考察一切社会问题的根本出发点和立足点。扎根于本

---

[1]《毛泽东选集》第 2 卷，人民出版社 1991 年版，第 534 页。
[2]《邓小平文选》第 3 卷，人民出版社 1993 年版，第 269 页。

国国情的背后是承认发展道路和模式的多样性。1988 年 5 月，邓小平在会见莫桑比克总统若阿金·希萨诺（Joaquim Alberto Chissano）时曾谈道："要讲社会主义，也只能讲符合莫桑比克实际情况的社会主义。世界上的问题不可能都用一个模式解决，中国有中国自己的模式，莫桑比克应该有莫桑比克自己的模式。"[1]

正如列宁所说，"一切民族都将走向社会主义，这是不可避免的，但是一切民族的走法却不完全一样，在民主的这种或那种形式上，在无产阶级专政的这种或那种形态上，在社会生活各方面的社会主义改造的速度上，每个民族都会有自己的特点"。[2] 社会主义的发展模式和道路是多样化的，不可能只有一种固定的模式，也不存在一条固定的道路。就好比社会主义的本质和价值目标是一致的，但在实现社会主义本质和价值目标的过程中，只要始终坚持科学社会主义的基本原则同本国实际相结合，其实现模式必定是多样化的。中国特色社会主义是在马克思主义的指导下，立足于我国社会主义初级阶段基本国情，围绕现代化、社会主义和民族复兴三大主题不断改革、发展和创新的伟大事业。全面建设社会主义现代化国家目标的提出，其根本依据在于改革开放以来尤其是党的十八大以来实现的深层次、根本性变革和取得的全方位、开创性成就，它有着丰富的内涵：从历史定位来看，它是社会主义初级阶段"下半程"的总体目标，是习近平新时代中国特色社会主义思想对社会主义现代化目标合乎历史与逻辑的新表述；从价值内涵来看，它涵盖国家富强、民族复兴和人民的美好生活等主题，是以人民为中心的发展思想在战略安排上的体现；从具体目标和衡量标准来看，它包括经济富强、政治民主、精神文明、社会和谐、生态美丽；从实现路径来看，它既有分"两个阶段"走的战略步骤，也有"五位一体"的

[1]《邓小平文选》第 3 卷，人民出版社 1993 年版，第 261 页。
[2]《列宁选集》第 2 卷，人民出版社 1995 年版，第 261 页。

全方位顶层设计。

马克思主义必定随着时代、实践和科学的发展而不断发展，不可能一成不变，社会主义从来都是在开拓中前进的。[1] 在这一意义上，全面建设社会主义现代化国家战略提供了不同于资本主义现代化道路的可能性，证明了人类文明发展道路的多样性而非单一性。中国特色社会主义现代化道路的成功，也启示着以中国为代表的发展中国家对"发展"理念、对现代化理论所进行的重新解读，展示了马克思主义强大的生命力。

其二，中国特色社会主义现代化发展道路体现了现代化实现方式的超越。近代以来，现代化是世界发展的历史潮流，实现现代化是世界各国发展普遍面临的历史任务。走什么样的发展道路，是包括中国在内的所有发展中国家所面临的一道难题。中国的现代化实现方式体现了两个层面的超越。

一个层面是，中国现代化道路打破了西方现代化模式的垄断地位。现代化的历史运动发端于西方，同资本主义发展相生相伴，由此形成的西方资本主义国家的现代化发展道路，成为许多国家发展现代化的道路和路径选择的依据。第二次世界大战结束以来，除了以苏联为代表的社会主义国家，多数发展中国家的现代化是仿照西方模式进行的。当时西方为发展中国家指出的现代化路径，实质上就是"市场化""自由化"和"私有化"。20 世纪 80 年代，一些拉美国家信奉"市场万能""重增长，轻分配"，导致高失业率及贫富两极分化严重，甚至一度是世界上收入分配差距最大的地区，"拉美化"也成为经济社会发展失衡的代名词。社会公平成为拉美人民特别是中下层民众的普遍诉求。而作为拉美模式重要理论基础的"华盛顿共识"则被学界认为是体现了少数发达国家的利益，这种模式使拉美一些国家的经济与政治失去了自主控制能力，结果十几个

[1]《习近平谈治国理政》第 1 卷，外文出版社 2018 年版，第 23 页。

经济体不同程度地受到破坏。正如提出"北京共识"这一概念的乔舒亚·雷默（Joshua Ramo）所言，"拉丁美洲国家长期形成的是易受影响的出口经济，同时自身却没有任何必要的内部政治经济变革以获得持续发展"。[1] 可以说，新自由主义在全球泛滥，令广大发展中国家饱尝苦果。

改革开放初期，中国也同拉美各国一样，凭借低廉的劳动力成本吸引外资。在对外贸易中，以出口劳动密集型产品为主。一些西方学者还一度热衷于讨论，"西方国家现代化过程的逻辑是否同样适用于中国的现代化过程"。[2] 但经过 40 多年的改革开放，中国向世界展现了发展中国家实现现代化的另一副面孔。中国把现代化发展放在自己力量的基点上，根据中国自己的实际情况和自己的条件，确立适合自己的现代化目标和议程，走中国自己的现代化道路，发挥社会主义制度优越性，自力更生在世界上人口规模最大的国家建设社会主义现代化。这样一条道路，"在世界近代以来后兴大国崛起的历史上是一条前所未有的全新战略道路，在世界现实社会主义的历史上是一条前所未有的全新战略道路，在马克思主义发展史上也是一条前所未有的全新战略道路"。[3] 一般认为，现代性可以具有不同形态，资本主义只是一种市场经济模式，不一定放之四海而皆准，即便在西方国家内部，也有不同的资本主义制度化模式，比如德国的莱茵模式和美国模式就很不一样，前者比较注重协调劳资之间的关系，后者则不然。中国的现代化道路之所以成功，正是在于将马克思主义与本国实际国情相结合，进行探索与发展，这是讨论中国现代化道路的启示意义和经验时不可回避的话题。正如习近平总书记所说："世界上没有放之四海而皆准的具体发展模式，也没有一成不变的发展道路。历史条件的多样性，决定了各国选择发展道路的多

---

[1]《"北京共识"论之父：拉美国家应借鉴中国模式》，人民网，2009 年 9 月 23 日。

[2] Bruce J. Dickson, *Red Capitalists in China: The Party, Private Entrepreneurs, and Prospects for Political Change*, Cambridge University Press, 2003.

[3] 郑必坚：《思考的历程》，中共中央党校出版社 2006 年版，第 98 页。

样性。人类历史上，没有一个民族、没有一个国家可以通过依赖外部力量、跟在他人后面亦步亦趋实现强大和振兴。那样做的结果，不是必然遭遇失败，就是必然成为他人的附庸。"[1]

另一个层面是，在现代化的实现过程中，中国的现代化道路注重本国实际情况的运用和创新，妥善处理了改革、发展与稳定这一现代化进程中的两难问题，为其他国家的现代化道路探索提供了启示。在观察 20 世纪 50 年代至 60 年代发展中国家陷入的政治高度不稳定的状况时，美国政治学家塞缪尔·亨廷顿（Samuel Phillips Huntington）在《变革社会中的政治秩序》一书中写道，经济和社会发展水平越来越高并没有导致向现代自由民主顺利转型，反而常常导致政变、革命和军事接管。这是因为当地受教育的、收入尚可的民众的希望和期待与现有政治体制之间存在鸿沟，该体制并没有为他们提供政治参与的制度化机制。苏联解体伊始，俄罗斯在经济上实行以"休克疗法"[2]为标志的激进改革，政治上实行多党制，效仿西方国家的三权分立原则。为扭转 20 世纪 90 年代初经济衰退的局面，俄罗斯选择用激进措施来区别戈尔巴乔夫改革苏联社会主义制度时所用的渐进改革。但经济转型并非简单地把旧的经济转换到现代化的轨道上来就可以实现经济增长，从几年后的实际情况来看，"休克疗法"并没有使俄罗斯变成"有效的、技术上进步的、以消费者为导向的、繁荣的资本主义市场经济体系"，[3] 它的"疗程"可以看到"休克"，却不见"疗法"。不完善的市场经济改革使 20 世纪 90 年代俄罗斯国民生产总值的下降超过了美国 1929 年至 1933 年"经济大萧条"时期，整个国民经济倒退了近 20 年。[4] 事实

---

[1]《习近平谈治国理政》第 1 卷，外文出版社 2018 年版，第 29 页。

[2] 作为经济转型战略，"休克疗法"往往被视为某种特殊经济政策的三部曲：价格的自由化，依靠货币和财政政策稳定经济，国营企业的私有化。

[3] ［美］大卫·科兹、费雷德·威尔：《来自上层的革命——苏联体制的终结》，曹荣湘、孟鸣歧等译，中国人民大学出版社 2008 年版，第 196 页。

[4] 郭连成：《俄罗斯经济转轨与转轨时期经济论》，商务印书馆 2005 年版，第 415 页。

上，在发展中国家走向现代化的历程中，一直面临着这样的两难命题，即如何处理好改革、发展与稳定的关系。中国现代化道路的发展则在一定意义上以改革开放的实践对这一难题进行了解答。

第二次世界大战后，社会主义国家和其他发展中国家都在推行与中国相似的重工业优先发展战略。一开始的 5 年至 10 年曾出现投资拉动的经济高速增长，但之后多个国家普遍面临经济停滞和危机频发，同发达国家的差距日益扩大等问题。20 世纪 70 年代末，当中国开始探索改革开放时，其他国家也同样在寻求着现代化的出路。然而，大多数发展中国家的转型并没有像中国一样成功，反而遭遇了"失去的 20 年"。按照林毅夫的分析，转型战略决定转型成败。20 世纪 80 年代转型之初，政府干预经济、要素和产品价格扭曲、国有产权为主是社会主义国家和发展中国家普遍面临的问题。当时作为主流思想的新自由主义提出了"华盛顿共识"——发展中国家必须进行私有化和市场化改革，取消政府干预，同时充分利用国内、国际两个市场。如果按照"华盛顿共识"进行"休克疗法"，会导致受保护的资本密集型产业崩溃，造成大量失业，引起社会动荡和政局不稳。同时，这些产业与国家安全和现代化有关，为了保证其生存，政府只能投入更多的隐性补贴，补贴的效率更低，还易引发贪污腐败等问题。[1] 中国选择的是"渐进式"改革开放，先易后难，从农村到城市，从沿海到内地，从东部到中西部，从经济领域到其他领域。[2] 英国苏塞克斯大学发展研究所研究员萨拉·库克（Sarah Cook）认为，农业去集体化的改革，经济特区的建立，国有企业的解体，劳动力的自由流动，市民社会的扩大和个人自由的增加，以及更加适应市场经济的社会保障体系的重建，都可以看到这一渐

[1] 参见林毅夫：《中国奇迹的一般意义》，财经网，2015 年 4 月 20 日。本文系林毅夫在北京大学出版社、北大博雅讲坛联合举办的"2015 经济中国高端论坛"上的主题演讲。
[2] 《世界"中国通"看中国 60 年：如何实现"美丽转身"》，新华网，2009 年 9 月 21 日。

进式的过程。在这一过程中，通过政策干预、回应具体问题，当觉察到社会和政治不稳定时，领导层就会收紧中央控制或从改革中退回来。[1] 美国丹佛大学国际关系学院教授赵穗生指出，驱动中国经济改革和现代化进程的并不是任何意识形态教条或原则，而是以经济发展为导向的务实主义。它以试验性的方式，拒绝苏东式的"休克疗法"，通过既存的经济和政治制度加以运作，使改革呈现出零碎且渐进性的特点。[2]

中国发展道路所体现的渐进性改革特征，为其现代化建设带来了稳定和发展，而改革、发展与稳定三者之间能够齐头并进的关键因素则是国家。现代化发展理论表明，由于后发型现代化社会缺乏产生成熟的市民社会的内在条件，社会的发展不可避免地要依赖于强有力的国家、政府加以推动。即使在西方国家实现现代化的初期，国家依然是社会制度创新不可或缺的因素。对此，研究中国现代化事业的美国学者吉尔伯特·罗兹曼（Gilbert Rossman）曾指出："一个国家的行政管理实行高度的中央集权有助于力量的协调和资源的征用以支持现代化进程；高度分化和专门化的制度的发展，为政治作用的稳步扩大作好准备，这是现代化发展的典型过程；行政体制中的中央、行省和地方三级的接合能为有效的政治管理作出重要贡献；具备一支干练而谙熟规章制度的行政官员这种传统，对于扩大现代化所必需的政治手段具有决定意义。"[3]

中国的经济发展由一个强大且以发展为导向的国家机器所带领，其首要目标是经济发展，强调政治稳定是经济发展的先决条件。在贯彻和执行长期性战略计划时，避免了民主体制中因经常性变化而产生的不稳定因素所带来的干

---

[1] Sarah Cook, "China's development model: what is there to learn?", http://www.iss.nl/DevISSues/Articles/China-s-development-model-What-is-there-to-learn.

[2] 参见《"人民共和国六十年与中国模式"学术研讨会论文集》，北京大学中国与世界研究中心2008年编印。

[3] ［美］吉尔伯特·罗兹曼主编：《中国的现代化》，国家社会科学基金"比较现代化"课题组译，江苏人民出版社1995年版，第78页。

扰。[1] 苏联问题专家大卫·科茨（David M. Kotz）从分析国家在经济转型中的作用出发，比较了俄罗斯与中国的经济转型经验，认为俄罗斯转型的主旨是国家从对经济生活的管制中快速退出，中国则采取了国家指导下的转型战略，"是抓住而不是放手"，如逐步放开价格控制、长期推迟国企私有化、在大型国企的决策中保留国家指令、实行扩张性货币政策、国家对银行系统持续控制、国家控制跨国贸易和资本流动等。他对这一战略持肯定态度，认为社会中唯一能指导从计划经济到市场经济转型的机构就是国家。[2] 中国现代化道路的实践证明，正确而强有力的国家权威，对于发展中国家的现代化转型非常必要。诺丁汉大学当代中国学学院院长姚树洁就经常用"木桶理论"分析中国问题——当发现桶上有短板，可能对全局产生影响时，中国政府总是有办法及时把短板补上。[3] 在他看来，有力的政府正是中国有效贯彻经济计划的条件。面对激烈的国际环境和并不优越的国内条件，中央权威有利于集中本国优势对抗国际资本的挑战，有利于更好地打造一个稳定的发展环境，有利于充分利用经济全球化"红利"化解国内经济发展面临的突出矛盾和困难，确保实现经济发展战略目标。同时，在社会整体发展水平不够高的情况下，以实现广大人民利益为根本价值取向的中央权威，有利于解决市场经济自发运行导致的分配不公等弊端；有利于在经济发展的基础上，积极平稳地推动政治民主、文化进步、社会和谐和生态文明建设等目标的实现。

1956 年，毛泽东在《纪念孙中山先生》一文中说，到 21 世纪时，中国的面目更要大变，将变为一个强大的社会主义工业国。他强调，"中国应当对于

---

［1］ 参见《"人民共和国六十年与中国模式"学术研讨会论文集》，北京大学中国与世界研究中心 2008 年编印。

［2］ 参见 David M. Kotz, *The role of the state in economic transformation: comparing the transition experiences of Russia and China*, http://www.umass.edu/economics/publications/2005-04.pdf。

［3］ 参见 Shujie Yao, "*China emerges more rapidly amid global financial crisis*", http://www.bbc.co.uk/zhongwen/simp/indepth/2009/10/091012_cr_china_economy_yaoshujie.shtml。

人类有较大的贡献"。[1] 从发展新阶段开启全面建设社会主义现代化国家新征程出发，中国现代化进程的理论与实践，不仅在人类文明历史和现代化进程中发挥着重要的作用和意义，也在实践中更加深入地推动马克思主义同当代中国发展的具体实际相结合，不断丰富和发展了马克思主义。正如习近平总书记所说，"这是一个需要理论而且一定能够产生理论的时代，这是一个需要思想而且一定能够产生思想的时代。我们不能辜负了这个时代"。[2] 发展是我们党执政兴国的第一要务，是解决中国发展不平衡不充分矛盾的关键所在。新时代，我国仍处于并将长期处于社会主义初级阶段的基本国情没有变，我国是世界上最大发展中国家的国际地位没有变。这是我们谋划发展的基本依据，也是我们并启全面建设社会主义现代化国家新征程，不断满足人民群众追求美好生活各项需求的重要着力点。习近平总书记关于中国特色社会主义发展新阶段与社会主要矛盾转化的一系列新论断，标志着我们党对人类社会发展和社会主义现代化的理论探索和规律性认识达到了一个新的历史高度，丰富了中国特色社会主义理论体系，开辟了马克思主义中国化的新境界。展望 21 世纪中叶，我国十几亿人口将整体迈入现代化社会，将彻底改写现代化的世界版图，这在人类历史上将是一件有深远意义的大事。中国式现代化的理论和实践，创造了人类文明新形态，拓展了人类走向现代化的途径，给世界上那些既希望加快发展又希望保持自身独立性的国家和民族提供了全新选择，为解决人类重大问题贡献了中国智慧、中国方案、中国力量。

---

[1]《毛泽东著作选读》下册，人民出版社 1986 年版，第 755 页。

[2] 习近平：《在哲学社会科学工作座谈会上的讲话》，人民出版社 2016 年版，第 8 页。

后　记

《社会主要矛盾转化新论》作为本系列丛书之一由上海社会科学院哲学研究所和中国马克思主义研究所的研究人员合作撰写，具体分工如下：

方松华研究员撰写大纲、导论、第六章。

吴晓江研究员撰写第一章第一节第三目、第二节，第二章，第三章，第四章。

马丽雅副研究员撰写第一章第一节第一、二、四目，第五章，第七章，并统稿。

感谢上海市社会科学界联合会精心组织课题，感谢上海人民出版社沈骁驰女士精心编辑。

著者 2022 年于沪上

图书在版编目(CIP)数据

社会主要矛盾转化新论/方松华,吴晓江,马丽雅
著.—上海:上海人民出版社,2022
ISBN 978 - 7 - 208 - 17752 - 9

Ⅰ.①社… Ⅱ.①方… ②吴… ③马… Ⅲ.①社会主
义社会-矛盾-研究-中国 Ⅳ.①D66

中国版本图书馆 CIP 数据核字(2022)第 126127 号

责任编辑 沈骁驰
封面设计 汪 昊

社会主要矛盾转化新论
方松华 吴晓江 马丽雅 著

出 版 上海人民出版社
(201101 上海市闵行区号景路 159 弄 C 座)
发 行 上海人民出版社发行中心
印 刷 上海商务联西印刷有限公司
开 本 787×1092 1/16
印 张 14.5
插 页 2
字 数 180,000
版 次 2022 年 9 月第 1 版
印 次 2022 年 9 月第 1 次印刷
ISBN 978 - 7 - 208 - 17752 - 9/D · 3965
定 价 58.00 元